Arroz con Pollo
y *Apple Pie:*

Cómo criar niños biculturales

Maritere Rodríguez Bellas

*Diseño interior y maquetación por Kelly Badeau
www.behance.net/kellybadeau*

Edición por Isidra Mencos, Vida Now

ÍNDICE

vi   **PREFACIO** Dra. Aliza Lifshitz

vii   **INTRODUCCIÓN**

CÓMO NOS HACEMOS BICULTURALES

1   **Capítulo 1:** Las etapas de adaptación del inmigrante

15   **Capítulo 2:** El sufrimiento de los niños

33   **Capítulo 3:** Balancear las dos culturas en casa

SER PADRES EN EE.UU.

51   **Capítulo 4:** Cómo desarrollar una cultura enfocada a la educación en casa

67   **Capítulo 5:** ¿Por qué no puedo criar a mis hijos como mis padres me criaron a mí?

83   **Capítulo 6:** Disciplina: Entender y apreciar el estilo americano

101   **Capítulo 7:** Preocupaciones del padre o madre inmigrante soltero

119   **Capítulo 8:** Hogar, dulce hogar: El regreso a nuestro país de origen

129   **Capítulo 9:** De *Boomers* a *Millenials*: Los beneficios de ser bilingüe y bicultural

153   **REFLEXIONES FINALES**

157   **RECETAS**

159   **RECURSOS**

162   **AGRADECIMIENTOS**

164   **SOBRE LA AUTORA**

Elogios para Arroz con Pollo
y *Apple Pie*: Cómo criar niños biculturales

"Ser padre de hijos biculturales requiere compromiso y dedicación, y a menudo es un camino lleno de baches y sorpresas. El libro de Mari es una guía esencial para hacer que este camino sea más fácil y valioso para hijos, padres y familiares".

— *Angelica Perez-Litwin, PhD, Fundadora de Latinas Think Big*

"Antes de ser padres, muchos de nosotros fuimos niños o adultos que emigramos a EE.UU. con nuestros sueños y estilos de vida, y tuvimos que adaptarnos a la dualidad de culturas. El libro de Mari habla elocuentemente al adulto y al padre que va abriendo el camino a esta nueva realidad. Sus lectores, tanto si son biculturales como si no lo son, aprenderán mucho de sus astutas observaciones y sabios consejos. Definitivamente inspirará y motivará a padres inmigrantes a ser los mejores padres posibles".

— *María Contreras Sweet*

"Transmitir un idioma y cultura puede ser un trabajo duro y solitario para padres inmigrantes. Poder leer como otros han tenido éxito en este camino puede ayudar. ¡Arroz con Pollo y Apple Pie hace justamente eso! Les da a las familias el ánimo que necesitan para no rendirse y les explica que encontrar un equilibrio bicultural y bilingüe es una meta al alcance de su mano".

— *Marianna Du Bosq, fundadora de Bilingual Avenue*

"Como madre inmigrante, sé de primera mano la complejidad y dificultades que conlleva criar hijos biculturales. También sé lo gratificante que es haber enseñado a mis hijos a aceptar sus dos culturas. ¡Es un esfuerzo de familia! El libro de Mari nos enseña que no estamos solos en este camino y que nuestros hijos se verán enriquecidos por los beneficios y ventajas de ser bilingües y biculturales".

— *Dariela Cruz, Fundadora de MamiTalks*

"Criar a una familia lejos de tu país natal no es fácil. Criar a una familia en una cultura diferente mientras intentas mantener tus propias raíces y tradiciones, es una tarea aún más difícil. ¿Y qué decir de intentar mantener tu idioma vivo en casa? Es muy difícil para muchos. Lo sé porque a mí me ha pasado. Pero no deberíamos tener que elegir entre una cultura u otra, un idioma u otro, porque, como la Señora Bellas nos muestra en su libro, es posible criar hijos que estén orgullosos de su herencia bicultural. Con muy buenos consejos que nacen de su propia experiencia, Maritere Bellas nos ofrece soluciones prácticas y sencillas, y consejos para sacarle el mayor partido a nuestra experiencia bicultural. Arroz con Pollo y Apple Pie es una lectura indispensable para toda familia que esté criando su primera generación americana con sabor latino".

— Mariana Llanos, Autora de libros bilingües para niños

"Como inmigrante de El Salvador, sé de primera mano cómo es tener que adaptarse a vivir con dos culturas e idiomas en un país nuevo. El libro de Maritere es una lectura indispensable para padres inmigrantes que viven en Estados Unidos".

— René Colato Laínez, Autor de libros multiculturales ilustrados para niños

v

PREFACIO

De acuerdo al Pew Research Center, en 2014 había más de 55 millones de hispanos en los Estados Unidos, y el 35% de estos, casi 20 millones, eran inmigrantes. Desde luego que el lugar de origen de los padres, el idioma que hablan, sus tradiciones, etc., tienen un efecto fundamental en cómo educan a sus hijos.

Los inmigrantes actualmente vienen a este país con la idea de mejorar sus vidas, para construir un futuro mejor para sus hijos, así como lo hicieron los europeos que llegaron a Ellis Island en 1899. Algunos traen consigo habilidades y deseos de trabajar arduamente para lograr que sus sueños se vuelvan realidad y otros vienen con deseos de aprender y esforzarse lo que sea necesario. Así fue como llegaron los fundadores de los Estados Unidos hace 400 años.

La transición de un país a otro no siempre es fácil para los padres, quienes muchas veces extrañan a otros familiares y tienen que enfrentarse a muchos retos nuevos. Entre ellos, el lidiar con hijos que crecen y se desarrollan en una cultura diferente.

En este libro, Maritere ayuda a los padres de forma sensible, emotiva y sencilla. Comparte historias de otras familias que han pasado por situaciones similares, para ayudarles a entender algunos momentos por los que ellos han pasado, algunas de las situaciones, de los desafíos, de las luchas y también de los triunfos y cómo ellos los han logrado. Porque el proceso de aculturación no significa perder nuestra cultura. Y porque el ser inmigrantes, el tener una buena relación familiar y ayudar a que nuestros hijos triunfen ¡se puede lograr!

Dra. Aliza Lifshitz
Directora Editorial, www.VidaySalud.com
Comentarista, Univisión

INTRODUCCIÓN

Mi hijo todavía era un bebé cuando tuve la idea de escribir un libro dirigido a padres inmigrantes. Vivía en California sin más familia que mi esposo y necesitaba desesperadamente consejo y orientación, por lo que cada vez que precisaba hablar con alguien sobre mi bebé, llamaba a mi hermana a Puerto Rico. Esta costumbre era tan costosa que no pude continuar por mucho tiempo. Era muy doloroso estar sola. Crecí en una familia muy unida y jamás imaginé que cuando me convirtiese en madre iba a estar tan lejos de ellos. ¡Extrañaba a mi madre, a mi padre, a mi hermana, a mis hermanos! No tenía ni idea de si lo que estaba haciendo como madre estaba bien. Visitaba librerías y bibliotecas en busca de información que pudiera ayudarme, pero no encontraba libros dirigidos a la crianza de niños de madres latinas inmigrantes.

No me malinterpreten. Los padres tenemos sentido común, sea cual sea nuestro lugar de residencia o de procedencia, y la cultura en la que nos criaron. Pero estar lejos de mi hogar, a gran distancia del país donde crecí y donde se encontraba todo lo que amaba y todo lo que me era familiar, hacía la tarea de criar a mi hijo particularmente difícil. Después de todo mi hijo no iba a ser un bebé mucho tiempo, y después tendría que educarlo entre dos culturas. ¿Cómo iba a lograrlo?

Cuando nació mi hija mi madre vino a California a quedarse con nosotros. Cinco semanas después llegó el momento de que regresara a su hogar y me quedé nuevamente sola, con dos hijos, para criarlos y educarlos entre dos culturas distintas. Otra vez me pregunté a mí misma, "¿Cómo voy a lograrlo?"

Durante años me pregunté si lo estaba haciendo bien como madre, dado que los valores biculturales de mis hijos en ocasiones eran opuestos a los míos. Mi esposo, tratando de infundirme ánimo, me pedía que pensara en tantas otras mujeres inmigrantes que confrontaban mayores desafíos que yo: no tenían un marido que las ayudara, no dominaban el idioma inglés, con poca o ninguna educación les era difícil conseguir un trabajo y, si lo conseguían, era agotador y extenuante. Esto sembró una semilla en mi mente: ayudar a los padres latinos inmigrantes.

Con ese propósito me puse en contacto con mi amiga Mónica Lozano, en aquel entonces editora de *La Opinión*, el periódico en español de mayor circulación en los Estados Unidos, para sugerirle una columna dirigida a ayudar a los padres latinos inmigrantes a criar sus hijos. Mónica apoyó mi idea y la columna se publicó once años consecutivos en el periódico. Cuando mis hijos empezaron la escuela estaba ya convencida de que iba a escribir un libro para los padres inmigrantes. Doce años después... el libro que usted ahora tiene en sus manos es el que yo necesitaba cuando mis hijos nacieron, y el que espero le ayude mientras navega las aguas, tormentosas a veces, de ser padre o madre en un país que muchas veces encontramos desconcertante y confuso.

Arroz con Pollo y Apple Pie está escrito para ese padre o madre inmigrante que está lidiando con una serie de dilemas que presentan unos retos muy singulares. Ese padre que pertenece a un segmento de la población de rápido crecimiento en los EE. UU., que intenta desesperadamente guiar y orientar a sus hijos para que alcancen el llamado "sueño americano" mientras preservan los valores de su cultura latina. Tanto si usted es de origen mexicano, como cubano, salvadoreño, peruano, guatemalteco, argentino, puertorriqueño o de otro origen latino, este libro le va a ayudar a tomar decisiones dentro de una cultura completamente distinta a aquella en la que creció.

Arroz con Pollo y Apple Pie es un libro diseñado para ofrecer estrategias, consejos y soluciones a padres como usted, en el que también podrá encontrar historias reales de otras familias inmigrantes que, al igual que la suya, tienen que enfrentar los mismos retos culturales con los que usted se enfrenta día a día. Reconocidas personalidades del mundo latino, incluyendo el prestigioso periodista Jorge Ramos, hombre ancla de Univisión, Milly Quezada, famosa autora y cantante dominicana, y el reconocido actor cubano, Tony Plana, compartirán con usted sus experiencias como inmigrantes latinos y cómo influyeron en la forma en que les criaron y en cómo ellos han criado a sus hijos.

Encontrará estos relatos, que he denominado "Historias de Triunfo", intercalados en los capítulos. Estas historias me parecen conmovedoras, inspiradoras y llenas de esperanza, y espero que tengan en usted, al leerlas, el mismo efecto que tuvieron en mí. Al final de cada capítulo le ofrezco sugerencias y consejos en forma de preguntas para ayudarle a pensar en formas de equilibrar ambas culturas y así poder ayudar a sus niños. También le ofrezco un espacio para que lleve un diario con sus inquietudes y progresos. Los padres que estén leyendo la versión digital (e-book), pueden seguir las indicaciones sugeridas para empezar su propio diario.

Todos los que estamos aquí provenientes de otro país, independientemente de nuestra situación profesional o económica, hemos luchado para que nuestros hijos sean felices, equilibrados y alcancen las metas que se trazan. Como madre latina que ha vivido la experiencia de ser inmigrante y en ocasiones ha sentido que no es ni de aquí ni de allá, ¡le doy la bienvenida a la travesía única de ser padres!

Maritere Rodríguez Bellas

CÓMO NOS HACEMOS BICULTURALES

Capítulo 1: Las etapas de adaptación del inmigrante

"Mi esposo y yo no teníamos alternativa. Teníamos que venir a EE.UU. Ha sido muy fuerte. Tenemos tres hijos, y en nuestro país natal no hay trabajo. Las cosas son diferentes aquí. Adaptarse ha sido difícil".

— *Rosario, 30 años*

¿Por qué vino a EE.UU.? ¿Para buscar trabajo? ¿En busca de una vida mejor para usted y su familia? ¿O fue para escapar la situación política de su país? Tal vez algún miembro de su familia ya estaba en EE.UU. y le habló de las oportunidades que existen aquí. Probablemente las razones por las que vino a este país son una combinación de todas las anteriores. Sea por lo que sea, todos pasamos por un periodo de adaptación que nos permite llegar a un equilibrio entre las dos culturas.

Como inmigrante latino, por regla general llegamos a los EE. UU. con ideas preconcebidas de cómo es la vida que vamos a encontrar en este país. Probablemente no podemos anticipar las diferencias culturales con las que nos tropezaremos, pero muy pronto las descubriremos. Algunos de nosotros sentiremos que la forma en que se espera que pensemos y actuemos choca con nuestras creencias arraigadas por años; otros se rebelarán contra la metamorfosis que hay que realizar para integrarse a esta nueva sociedad. Para los que ya tienen familia en el país la adaptación podría ser más fácil. Algunos inmigrantes se asimilan totalmente, de tal forma que hasta parecen olvidar de dónde vinieron. Pero, por supuesto, solo lo parece, porque no lo olvidan. Ser inmigrante es una batalla cultural constante.

Nuestra obligación como inmigrantes es encontrar el equilibrio perfecto que logre armonizar los valores latinos con los americanos. No solo debemos acoplarnos a unas reglas y forma de vida distintos a los que conocimos, sino que también hemos de supervisar la adaptación de nuestros hijos a estos nuevos parámetros y principios. Abrazar una nueva cultura no significa que debemos aceptar todo sobre esta, ni tampoco implica olvidar nuestra cultura nativa. Equivale a aceptar gradualmente nuestra realidad: que vivimos dentro dos mundos diferentes pero compatibles.

La adaptación es el proceso que experimentamos todos los que escogemos venir a vivir a este país. Las etapas de la adaptación pueden darse nada más habernos mudado, o cuando ya llevamos tanto tiempo en este país que hasta llegamos a llamarlo "nuestro". Es casi como pasar por un proceso de duelo. Las etapas son:

1. Confusión/Negación
2. Desilusión/Coraje
3. Resentimiento
4. Aceptación

Vamos a repasar y revisar estas etapas una por una, y tal vez usted pueda identificar en cuál se encuentra, porque a pesar de que a veces no hay una línea clara que divida y separe una etapa de la otra, el objetivo es obvio: avanzar hacia la etapa final de la adaptación.

Confusión y negación

En esta etapa negamos las dificultades emocionales que estamos experimentando como inmigrantes. Es probable que nos preguntemos, "¿Cuál es el problema? Soy capaz de aprender a vivir en un nuevo país. Puedo dejar a mis niños atrás por un tiempo. Quiero una vida mejor para mi familia, así que puedo soportar dificultades sin sentirme mal. ¡Claro que puedo hacerlo!". Estamos absolutamente convencidos de que tomamos la decisión correcta al venir a este país, pero nuestras emociones nos confunden. Por un lado nos hace sentir bien estar trabajando para conseguir una vida mejor para nosotros y nuestra familia, pero por otro lado nos sentimos tristes, solos y nostálgicos. A veces hasta nos resistimos a sentirnos contentos porque pensamos que eso significa que estamos olvidando de dónde vinimos.

La confusión y la negación nos conducen a la nostalgia y a los sentimientos de culpa. La nostalgia se presenta cuando nos enfocamos en pensar cómo era nuestra vida en nuestro país de origen, en lugar de considerar las posibilidades que se nos presentan en este nuevo país. Usualmente idealizamos nuestro pasado y condiciones de vida en nuestra patria, recordándola mejor de lo que realmente era y olvidándonos de cuales fueron las razones originales por las que emigramos. El sentimiento de culpa puede formar parte de nuestra vida diaria: nos sentimos culpables por dejar a nuestros padres e hijos atrás; culpables porque tal vez no hemos podido enviar dinero a nuestros padres, que se van haciendo mayores, o porque no podemos cuidarlos cuando se enferman; culpables porque no hablamos el idioma; y más culpables aún porque no hemos podido conseguir un trabajo con un salario más alto para ofrecer a nuestros hijos una vida mejor.

Hay algunos inmigrantes que nunca aceptan por completo los cambios que tienen que hacer para adaptarse a la vida en su nuevo país. En ocasiones se quedan atrapados en una de las etapas iniciales de adaptación. Ejemplo de ello es la madre de mi amiga Erica.

La madre de Erica, oriunda de Argentina, se mudó a los EE. UU. siendo ya adulta y, según mi amiga, su mamá escogió no adaptarse a la vida en este país. "Si mi madre pudiese rehacer su pasado estoy convencida de que optaría por no dejar Argentina", afirma Erica, al tiempo que comenta que aun cuando su mamá lleva cinco décadas en los EE. UU. todavía prefiere ver la televisión en español y es una ferviente seguidora de las tradiciones y costumbres de su país. "Creo que le resultó difícil encontrar puntos en común entre las dos culturas", comenta Erica. Eso puede pasarle a muchos inmigrantes. Es más fácil aferrarse a toda costa a la vida que dejamos atrás.

Desilusión/Coraje

A pesar de que en los EE. UU. existen muchas oportunidades, también es cierto que hay muchos obstáculos. Quizás no hablamos inglés y no es tan fácil como creíamos salir adelante sin hablar el idioma. Tal vez el trabajo que soñamos estaría disponible para nosotros no se concretó. O conseguimos el empleo pero luego nos despidieron porque no podíamos comunicarnos bien con nuestros jefes.

Las cosas no son tan fáciles como nuestros amigos y familiares nos decían. Tanto si en nuestra tierra teníamos un buen trabajo como si no teníamos nada, hemos perdido la confianza en nosotros mismos porque estamos comenzando de cero en un ambiente anónimo y muy diferente. La decepción que sentimos nos hace sentir vulnerables, frustrados y hasta despechados. Suponemos que todos los que nos rodean han triunfado. Pensamos, "Gloria consiguió un trabajo mejor que el mío porque habla inglés mejor", o "Lupita consiguió una entrevista en el salón de belleza porque su prima conoce a la dueña". No nos damos cuenta de que ambas, Gloria y Lupita, pasaron por todas las etapas de adaptación, tal y como las han pasado todos los inmigrantes. Y la desilusión y el coraje son parte de esas etapas.

A Isabel le llevó varios años superar esta etapa, a pesar de que ansiaba venir a EE.UU. Su historia comenzó cuando su esposo los abandonó a ella y a sus tres hijos. Con un entorno político tumultuoso y escasos trabajos en El Salvador, Isabel apenas podía pagar el alquiler de su hogar. No podía comprar ropa para sus hijos y debía ir caminando a todas partes ya que no podía costear un auto. Aunque sabía lo difícil y peligroso que era cruzar la frontera y comenzar una nueva vida en EE.UU., ese era su sueño. Su hermana ya estaba en este país y la animaba para que viniese, pero sus hijos tendrían que quedarse con su madre. Sin embargo siempre creyó que al final todo iba a funcionar perfectamente.

Isabel había terminado sus estudios de escuela secundaria y hablaba algo de inglés cuando llegó proveniente de El Salvador a este país. Sabía que vivir en EE.UU. requeriría una serie de ajustes, pero jamás imaginó el poco valor que le darían a su educación en su nuevo país. El empleo como secretaria que se había imaginado sería suyo era inalcanzable, ya que la mayoría de las personas que solicitaban estas posiciones habían estudiado en la universidad, algo que Isabel no había hecho. "Me sentía desanimada y triste, mi autoestima estaba por el piso", cuenta la salvadoreña. Pero, más que nada, a Isabel le enojaba la falta de respeto. Las mujeres de la fábrica en la que laboraba se burlaban de ella porque se vestía con la falda y la blusa típicas de su país. "Debí haber dicho algo, pero me sentía intimidada. Me hicieron sentir poco capaz, incompetente", relata Isabel.

Otra de sus frustraciones fue que no le dieron una promoción en la fábrica que estaba segura de merecerse, pues había probado que era una empleada que trabajaba sin descanso. "Mi patrón no me dio la oportunidad porque asumió que yo sería incapaz de delegar funciones. Estaba decepcionada y dolida por su falta de apoyo", explica Isabel. Esa experiencia la llenó de resentimiento y le costó mucho ganar confianza en sí misma. Sin embargo, sus hijos nunca supieron de sus dificultades. Cuando hablaba con ellos se mostraba alegre y les recordaba que pronto estarían todos juntos.

Cuando finalmente sus hijos se juntaron con ella en los EE. UU., Isabel tenía dos trabajos para poder sobrevivir. Estaba tan ocupada trabajando que no tenía tiempo de pensar en cómo estaban impactando a su familia las diferencias culturales en EE.UU. Cuando sus hijos comenzaron a tener problemas Isabel se dio cuenta que estar enojada no iba a ayudarlos. Sabía que tenía que esforzarse más para aceptar su nueva vida americana. La aceptación es, por supuesto, la etapa final de la adaptación.

Resentimiento

Durante esta etapa vivimos guiados por el instinto de conservación. Nos decimos a nosotros mismos que tenemos que hacer que esta transición funcione, y que funcione rápido. Por lo que literalmente "nos arremangamos" y hacemos lo que sea para alcanzar nuestras metas y objetivos, para reunirnos con nuestros hijos, y así conseguir que nuestras vidas sean viables. Sin embargo, este instinto de conservación, que también se conoce como instinto de supervivencia, a veces nos llena de sentimientos encontrados, como el rencor. No solo nos agobia tener que trabajar tan duro sino que también nos exasperan todos los cambios que hemos de enfrentar. A veces hasta llegamos a envidiar a aquellos que no pasan por ningún aprieto o inconvenientes. Pero, claro, asumimos que los demás no pasan por nuestras mismas luchas sin conocer realmente sus situaciones. Esto fue precisamente lo que en parte le sucedió a Consuelo.

Hace diez años Consuelo, proveniente de un pueblo rural muy pobre de México, emigró a los EE. UU. para encontrarse con su esposo José, quien había llegado al país el año anterior. Consuelo dejó a sus dos hijos de diez y cinco años de edad al cuidado de la abuela, hasta que pudiesen reunir suficiente dinero para mandarlos a buscar.

Cuando Consuelo llegó a los EE. UU. no hablaba inglés, no sabía manejar un auto y nunca en su vida había visto una lavaplatos. Jamás había salido de su pueblo, ni tan siquiera había visitado la capital de México. "Los primeros meses fueron los peores. No hablaba inglés, me sentía insegura e inadecuada. Lloraba a menudo y mis hijos eran mi preocupación constante. Me preocupaba que no me perdonaran el haberme ido sin ellos. Me preocupaba que me gustase tanto este país que me fuera a olvidar de mis hijos", confiesa Consuelo.

Todos esos sentimientos encontrados la confundían, pero entonces recordó las razones por las que había venido a este país y volvió a enfocarse y encauzarse. Deseaba desesperadamente aprender el idioma por lo que se matriculó en clases nocturnas ofrecidas en su Iglesia, y solamente veía en la televisión programación en inglés. Cualquier cosa que la mantuviese ocupada para no extrañar su país y para suavizar el dolor de su corazón, era buena. "Quería pertenecer a este país, sentirme bien por haber venido", puntualiza la mujer.

Todo en los EE. UU. era nuevo para Consuelo. No podía creer la cantidad de electrodomésticos que tenían las personas, los grandes edificios y las carreteras pavimentadas la impresionaban. Rápidamente la novedad dio paso a la desilusión. La mayoría de los residentes de su vecindario hablaban español, pero ella necesitaba aprender inglés para conseguir un trabajo mejor. Sus dos solicitudes para trabajos de mesera en restaurantes mexicanos fueron rechazadas. "Nuestros clientes hablan inglés", le decían a Consuelo. De igual forma a menudo rechazaban su solicitud de trabajar como doméstica porque los patrones no hablaban español y la comunicación con ellos era imposible.

Consuelo resentía a su amiga Teresa porque tenía un trabajo con buena paga en una fábrica. Lorena, quien había sido contratada como mesera en un restaurante mexicano, también ganaba más dinero que ella. Teresa y Lorena habían aprendido rápidamente el inglés cuando llegaron. Todo parecía ser más difícil para Consuelo. Estaba cansada de limpiar casas y le agobiaba la dueña de la casa que limpiaba porque no era amable con ella. Estaba embarazada, pero ni aun así su patrona le demostraba gentileza ni compasión. De todas formas, trató de despojarse de esos sentimientos por su propio bien y el de sus hijos.

Sabía que tenía que lograr que su nueva vida en EE.UU. fuera exitosa, pero su resentimiento por los retos e injusticias que enfrentaba hacían las cosas más difíciles para ella y su familia.

Aceptación

Probablemente le ayudará saber que la gran mayoría de los inmigrantes en EE.UU. llegan a la etapa de aceptación. En esta etapa aceptamos nuestro nuevo país con todos sus beneficios e imperfecciones. Si bien es cierto que amamos nuestro país de origen y valoramos nuestra herencia, reconocemos y respetamos los valores de un país que nos ha ofrecido un hogar y oportunidades sin límite. Llegar hasta esta etapa puede tomar meses y, a veces, años.

Primero, algunos deciden que probablemente no regresarán a su país de origen, por lo que hacen amigos aquí y encuentran estabilidad financiera. Otros se convierten en trans-nacionales, queriendo esto decir que viven aquí pero están forjando un futuro en su país de origen. La mayoría, sin embargo, deciden que los EE. UU. son su hogar. Esto fue lo que me sucedió a mí.

A los veintiún años vine a California desde Puerto Rico para terminar mi educación. Tuve la suerte de haber estudiado en la Universidad en Puerto Rico, Mayagüez, y había venido acá para obtener mi grado de Maestría. Como había nacido ciudadana americana, nunca me consideré inmigrante. Crecí con fuertes valores latinos y a la vez apreciando los valores americanos. El calendario en mi país incluye días festivos nacionales y americanos, y celebramos ambos con orgullo.

Nunca pensé que era distinta a otros americanos, pero cuando llegué a este país me di cuenta de que sí lo era. Mis nuevas amistades americanas me veían como extranjera, lo que me llevaba a estar explicando constantemente la condición política de Puerto Rico como territorio estadounidense. Mis nuevas amistades latinas inmigrantes también me veían "diferente". A diferencia de ellos, podía regresar a mi país cuando quisiera, no tenía dos empleos para pagar las cuentas, y era totalmente bilingüe en español e inglés. Estaba educada y tenía confianza en mí misma.

Pero, al igual que muchos inmigrantes, me sentía sola, aislada y añoraba mi hogar. Extrañaba a mi familia, especialmente los domingos. La vida no era tan emocionante en California. Pasaron años antes de que me acostumbrara a mi nuevo hogar.

Era una experta en negar mi propio dolor. Cuando hablaba con mi familia los domingos y papi me preguntaba, "Cómo estás, mija?", yo siempre le decía, "Estoy bien, papi, ¡me encanta estar aquí!" Pero dentro de mí sentía nostalgia y tristeza. Pretendía que todo estaba bien cuando en realidad lo único que deseaba era regresar a mi hogar. ¿No significa regresar una admisión de fracaso? Solo pensar que iba a desilusionar a mis padres, y hasta cierto punto a mí misma, me hacía sentir aún más decidida a quedarme y triunfar.

Claro que había momentos en los que me sentía feliz. Como cuando cuidaba a los niños de una familia americana que me abrieron las puertas de su hogar y corazón, y me hicieron sentir parte de ellos. Era una familia de tres hijos, con una madre y un padre estrictos y amorosos, con valores similares a los míos. Cenar con ellos me recordaba mis almuerzos familiares. "Tal vez pertenezco a este país y en realidad no extraño mi hogar", me decía a mí misma. Entonces me sentía confundida y lloraba.

Dos años más tarde me gradué del programa de Maestría, y solicité trabajo en cinco o seis agencias de publicidad del área. Había estado trabajando en una organización sin fines de lucro, a cargo de su departamento hispano, pero mi deseo era trabajar en una agencia de relaciones públicas en la que pudiese exponerme a los medios de comunicación de habla inglesa y a medios latinos. Era bilingüe y bicultural, y podía leer, escribir y hablar español, inglés y francés. Estaba segura de que sería un recurso de gran valor para cualquier compañía. Sin embargo mis solicitudes de empleo fueron rechazadas.

Las agencias que inicialmente mostraron interés en mí no estaban muy involucradas en proyectos dirigidos al mercado latino. En aquel tiempo, solo un puñado de firmas de relaciones públicas se ocupaban del mercado latino, y casi ninguna de estas agencias era propiedad de latinos. Me informaron que necesitaba más experiencia escribiendo en inglés, algo que me enojó mucho. ¿Acaso no había estudiado seis años, y trabajado dos, y probado que era tan profesional y buena como cualquier otra persona? El resentimiento estaba siempre presente en mi corazón. Entonces comencé a buscar trabajo en el mercado latino. "Soy puertorriqueña y el español es mi primer idioma", era mi mantra. Pero los empleos se los ofrecían a latinos nacidos aquí. Solicité un empleo en el mercado general, pensando que al ser bicultural y educada podía ejercer cualquier función. No obstante los trabajos se los otorgaban a los candidatos con mayor experiencia. ¿Cómo iba a adquirir experiencia si nadie estaba dispuesto a darme una oportunidad?

Uno de mis primeros trabajos fue en una firma grande de relaciones públicas, una de las agencias pioneras en tener una división hispana entre sus departamentos. Tenía que lidiar con una latina que era nacida y criada en los EE. UU., pero que no hablaba el español con fluidez. Yo, por otro lado, dominaba completamente el español, y escribía correctamente en ambos idiomas. Eso era algo que a mi compañera de trabajo no le gustaba, por lo que cuando me contrataron hizo lo imposible por hacerme la vida difícil en mi trabajo. Tan molesta estaba conmigo que poco a poco fue convenciendo a mi jefe de que yo no tenía los conocimientos requeridos para trabajar con el mercado latino de California, por lo que no era la persona idónea para ese puesto.

Inmediatamente me di cuenta de que, a pesar de nuestras similitudes culturales, mis cualificaciones representaban una amenaza para todas las latinas que me había encontrado hasta ese entonces. ¡Resentía que me resintieran! Me llevó varios años conocer a latinas que me apreciaran por mí misma y que no me juzgaran por mi ascendencia. Esas mujeres me dieron la bienvenida y todo su apoyo. Hoy día todavía somos amigas.

No fue hasta pasados quince años que llegué a sentir que California era mi "hogar". Muchas cosas han cambiado desde que llegué aquí para asistir a la universidad. En la actualidad mi educación y mi herencia tienen valor para todas estas compañías americanas que desean explorar el mercado hispano, y las compañías propiedad de latinos también valoran esas mismas cualidades. Cuando dejé el área de relaciones públicas y me dediqué a ser escritora independiente para *La Opinión*, tuve la distinción de ser la primera inmigrante latina en escribir una columna dirigida específicamente a dar consejos a padres latinos que estaban criando a sus hijos en este país. Esta columna se publicó durante once años una vez a la semana en *La Opinión*. Crié y eduqué a mis hijos con un sistema de valores que incluía ambas culturas: latina y americana. En mi cruzada por encontrar un equilibrio me di cuenta de que no soy ni de aquí ni de allá; pertenezco a ambos mundos.

Pasar por las etapas de aceptación del inmigrante

Tanto si les lleva meses como si les lleva años, la mayoría de los latinos eventualmente se adaptan a su nueva vida en EE.UU. Creemos que esto nunca va a suceder pero un día nos sorprendemos pensando "Creo honestamente que ya pertenezco a este país. Mis hijos y yo estamos integrándonos a esta cultura, igual que los demás".

Arribar a un nuevo país no es una tarea fácil y a algunas personas les lleva más tiempo que a otras adaptarse. Tal vez nos estancamos en una etapa en particular por nuestras propias circunstancias. Tal vez encontrar un trabajo o superar la barrera del idioma ha sido más difícil de lo que esperábamos. Quizás nuestro esposo, vecino, compañero de trabajo o nuestro propio hijo se está adaptando más rápido que nosotros mismos, y los resentimos por ello. Es importante entender que atravesamos estas etapas a nuestro ritmo individual, y que hay otros inmigrantes que están batallando para poder amoldarse a su nuevo país.

Hoy día las diferencias culturales en cierta forma se minimizan gracias a la globalización y a la Internet, y por eso el proceso de adaptación se hace un poco más fácil. Los valores son distintos en cada país, y depende de cada uno de nosotros, sea cual sea nuestro lugar de procedencia, estar receptivos y abiertos a nuevas costumbres sin perder las propias.

Tanto si limpiamos casas como si trabajamos en fábricas, viajamos al espacio o presentamos las noticias en la televisión, como inmigrantes, todos pasamos momentos duros tratando de acoplarnos al nuevo país. Pero TODOS podemos triunfar como individuos y como padres.

Historia de éxito: Jorge Ramos

Cada noche, durante los últimos veinticinco años, Jorge Ramos ha transmitido las noticias a millones de latinos a lo largo y ancho de los EE. UU. y Puerto Rico. Su historia es la de un hombre joven cuya razón para emigrar no era otra que alcanzar el sueño americano. El tiempo, su determinación y su adaptación le permitieron convertir su sueño en realidad.

"Vine a los EE. UU. cuando tenía veinticinco años, solo y sin conocer a nadie. Recuerdo perfectamente que traía conmigo una guitarra, una maleta y un portafolios. Era la noche del 2 de enero de 1983. Todavía recuerdo la sensación de libertad que me embargaba. Con dos mil dólares procedentes de la venta de mi automóvil y otros ahorros, llegué a Los Ángeles. Era consciente de que había tomado una importante decisión en mi vida".

"La ciudad de México de los años 80 me sofocaba. A raíz de un incidente de censura del que fui objeto en un canal de televisión decidí buscar mejor suerte en los EE. UU. como periodista independiente.

Mi primer trabajo fue como mesero y cajero. Mi entusiasmo inicial se esfumó y comencé a sentirme triste. Extrañaba mi hogar. Llamar a mi familia resultaba muy caro, y además yo no quería que supieran cómo me sentía y que no estaba contento con mi mudanza a EE.UU. Extrañaba la comida, ¡y cómo! La mayoría de mis conversaciones comenzaban con "En mi país", sin darme cuenta de que las personas que me rodeaban a menudo no apreciaban esas comparaciones. Durante años, cada vez que entraba a una tienda descifraba en mi mente la tasa de cambio entre el dólar y el peso mexicano. En otras palabras, vivía en los EE. UU., pero mentalmente estaba todavía en México".

"Tener un acento al hablar no ayudaba para nada, especialmente cuando estaba tratando de comunicarme en el banco o por teléfono. Mi nombre era difícil de pronunciar en inglés, por lo que me lo cambié a George, para hacerlo más fácil. Años más tarde comprendí que ese acento y ese nombre cuentan la historia de las personas y hablan de su origen. Todavía recuerdo cuando mi director de noticias me invitó a celebrar el Día de Acción de Gracias. ¡No tenía ni idea de lo que era el Día de Acción de Gracias! A veces no estaba seguro a qué país pertenecía, si México o EE. UU. Cuando adquirí mi tarjeta verde me sentí parte de los EE. UU., con la ventaja de que podía entonces viajar a México, y eso me ayudó a sentirme menos nostálgico. Era difícil adaptarme, pero estaba decidido a lograrlo. Quería triunfar en este país. Una vez conseguí mi primer trabajo como reportero en un canal local de Univision, las piezas fueron cayendo en su lugar. Me di cuenta de que los EE. UU. podrían convertirse verdaderamente en mi hogar adoptivo".

"Hoy me siento parte de los dos países. Puedo identificarme con la autora chilena, Isabel Allende, quien luego de los ataques terroristas del 11 de septiembre de 2001, dijo sentirse tan americana como chilena. Me siento igual, soy de México y de los EE. UU. Mi futuro está aquí. Mis dos hijos nacieron en los EE. UU. y hablan español e inglés. Pronto celebraré mis veinticinco años en este país. Esta es una tierra de oportunidades, y soy un ejemplo viviente del sueño americano. No tengo planes de irme a ningún lado".

Consejos para el inmigrante

Adaptarse a una nueva vida no es fácil. Los conflictos con los que hay que trabajar son físicos, personales y psicológicos. Requieren tiempo y determinación, pero es posible hacerlo. Aquí va a encontrar unas recomendaciones que le van a ayudar, como inmigrante, en cada etapa de adaptación.

1. Usted ha decidido emigrar. Ha tomado esta importante decisión porque quiere mejorar su vida. Ese era y es su objetivo. Sean cuales sean sus sentimientos o las dificultades con las que se esté enfrentando, sáquele el mejor partido posible a esta decisión y recuerde los beneficios a largo plazo.
2. Los cambios siempre son difíciles, incluso los cambios positivos. Trate de no resistir estos cambios que están sucediendo; al contrario, deles la bienvenida. Al final de la travesía, una vez haya conseguido balancear ambas culturas, se sentirá enriquecido por sus experiencias.
3. No está solo en este proceso. Busque inmigrantes que estén en su misma situación. Esto lo puede hacer a través de su Iglesia o de algún centro comunitario. Comparta sus sentimientos y preocupaciones, mantenga su optimismo; sea positivo.
4. Todas las personas se asimilan tarde o temprano, cada uno a su propio ritmo. Respete su propio paso y evite comparaciones.
5. Es importante que hable inglés con fluidez. Se sentirá más confiado y eso le ayudará a adaptarse. El capítulo 2 aborda directamente los retos de aprender el inglés, y ofrece muchos recursos para ayudarle en este camino.
6. Recuerde que usted es, antes que padre, una persona. Tiene usted que acoplarse a su nuevo país antes de poder ayudar a sus hijos a adaptarse.

Mi diario de crianza

Ya tomamos la decisión de venir a EE.UU. a vivir, por lo que debemos adaptarnos a nuestra vida aquí. Una buena práctica es escribir nuestros sentimientos para así tratar de entenderlos y aceptar esos cambios que estamos viviendo. En una página en blanco escriba los pensamientos y emociones que le han invadido mientras ha leído este capítulo. Sería buena idea que contestara estas preguntas antes de comenzar:

1. ¿Ha aceptado finalmente que su vida está cambiando porque es usted parte ahora de un nuevo país? ¿Está adoptando estos cambios o los está resistiendo?
2. ¿Ve usted su vida en EE.UU. de forma positiva o continuamente critica la forma en que se vive aquí?
3. ¿Ha encontrado finalmente un balance entre las dos culturas? ¿Cómo lo ha hecho?
4. Si no ha encontrado ese balance todavía, ¿por qué será?

Capítulo 2: El sufrimiento bicultural de los niños latinos

"Es difícil para mí hacer amistades. Muchos de los chicos en mi escuela llevan juntos mucho tiempo. En ocasiones mis nuevos amigos no entienden la manera de ser de mis padres, y mis padres no entienden cuán difícil es para mí integrarme al grupo".

— Julia, 14 años

No importa la edad que tenga el niño inmigrante al llegar a su nuevo país, cinco, diez o quince años, lo más seguro es que va a reaccionar de formas que van a ser un reto tremendo para sus padres. El mundo de este niño se ha transformado drásticamente. Aunque esté rodeado de su familia y de otros niños inmigrantes, se va a sentir aislado, diferente, incómodo y perdido.

¿Cómo reacciona el niño inmigrante al convertirse en un extraño en un nuevo ambiente? Algunos se portan mal. Otros se acercan hacia amigos que les hacen sentir que pertenecen a su grupo, sean latinos o no. El chico latino que ya se ha americanizado podría influenciar al chico inmigrante para que éste cambie su comportamiento y vestimenta, incluso para que trate a sus padres de manera diferente. Otras manifestaciones de cambios en el niño inmigrante son rehusarse a hablar el idioma español en el hogar, ignorar la autoridad paterna, y atrasarse en sus estudios.

El joven latino que batalla por ser aceptado o se rebela en contra de su nuevo ambiente podría a su vez influenciar a un recién llegado para que se una a la rebelión con él. Algunas de las maneras en las que los jóvenes inmigrantes demuestran su malestar y sus frustraciones son comportamiento anti-social en la escuela, ir en contra de las reglas del hogar, y hasta tener problemas con la ley. Algunos se enredan con pandillas o gangas, otros rechazan sus amistades y se aíslan completamente de los demás jóvenes. Otros más afortunados tienen padres, padrastros, abuelos o mentores que les guían.

Aunque los padres tengan que lidiar con sus propios problemas, es su responsabilidad ayudar a sus hijos a aclimatarse. En ocasiones el padre inmigrante está tan ocupado tratando de que el dinero le alcance que descuida e ignora sin darse cuenta lo que está sucediendo con sus hijos. Aun cuando su tiempo sea limitado, sus niños y adolescentes necesitan su atención. Necesitan que usted esté asequible, que les pregunte sobre sus amigos y su escuela, que los discipline y se asegure de que hagan sus tareas escolares, que muestre interés en su futuro. A pesar de que usted piense que no tiene ninguna influencia sobre sus hijos, o que sus amigos tienen más relevancia en sus vidas que usted, nadie, pero nadie, es más importante en sus vidas que usted. Su ejemplo, su tiempo, guía y dirección y, sobre todo, su amor, no tienen precio.

Prepararse para la mudanza

La consejera matrimonial y de familia Mary Klem, opina que el proceso de asimilación a una nueva cultura es difícil tanto para el adulto como para el niño. "En primer lugar, ¿cómo deja uno todo atrás, vuelve a comenzar, trabaja a tiempo completo, cría los hijos… y saca tiempo para aprender un nuevo lenguaje y una nueva cultura? Desde el punto de vista del niño está la interrogante de dónde encaja: ¿en la cultura 'vieja' o en la 'nueva'? Esto puede crear estrés y los padres deben ser conscientes del nivel de estrés que sufre el niño".

El éxito de la adaptación del niño a su nuevo ambiente va a depender de sus padres. ¿Quieren los padres que sus hijos se integren a la nueva cultura o no? ¿Prepara el padre inmigrante suficientemente bien y con tiempo al niño para lo que va a encontrar en su nuevo país? ¿Es la asimilación la meta final? Si lo es, ¿cómo logran los padres alcanzarla dadas las circunstancias? ¿Qué pasa si toda la familia se muda a la vez y los padres realmente no saben qué esperar?".

De acuerdo a Klem, es importante que los padres hablen con sus hijos del asunto de la mudanza desde el comienzo, cuando se tome la decisión de venir a los EE. UU. a vivir. Los padres deben explicarles a sus hijos lo que les espera en el nuevo país y los posibles problemas que confrontarán para adaptarse. Preparar a los chicos para estos cambios puede ser una táctica muy beneficiosa para todos. Los niños deben entender que sus sentimientos son normales y que sus padres van a estar disponibles para ayudarlos durante el periodo de adaptación.

Nuestros hijos frecuentemente experimentan conflictos debido a las diferencias que existen entre sus vidas en el hogar, en la escuela y en sus relaciones sociales. Probablemente van a quejarse de nuestras decisiones e insistirán en que cambiemos nuestros estándares para que se asemejen más a la forma en que los padres de sus amigos manejan las situaciones del hogar. La psicóloga y autora Dra. Ana Nogales nos dice que "Los niños quieren encajar, conectarse. Si se sienten rechazados les será muy difícil adaptarse. Especialmente si los ven como pertenecientes a 'la otra cultura'. Por esta razón algunos niños inmigrantes tienden a reunirse con otros chicos inmigrantes, les da un sentimiento de pertenencia. Por otro lado, una vez que los niños —y adultos—, se expongan a un ambiente multicultural, y se den 'permiso' para aceptar los cambios venideros, les será más fácil relacionarse".

Los padres deben fungir como facilitadores de sus hijos en su intento de adaptarse a una nueva cultura. No todos los miembros de una familia se adaptan al mismo ritmo. La personalidad, edad y nivel de confianza en sí mismo de cada uno, además del apoyo emocional de los padres al niño, son factores que contribuyen a la adaptación. También la familia extendida juega un papel importante.

Si la familia extendida —como tíos, tías, primos y abuelos— proporciona poco apoyo, los padres podrían acabar siendo más sobreprotectores, menos flexibles y menos confiados en su nuevo ambiente. Otra preocupación latente de los padres es que sus hijos se mezclen con el grupo equivocado de amistades.

La preocupación económica también puede afectar la forma en que el padre maneja la integración de sus hijos en la nueva cultura. Como los expertos, creo que es importante que los padres sean honestos con sus hijos y hablen con ellos de las ventajas y desventajas de trasladarse a otro país. Los padres han de hablar con sus hijos y decirles la verdad sobre cómo podría ser su vida en los EE. UU. antes de llegar. Necesitan saber de antemano cómo será la vida día a día de sus padres, así como por qué no habrá tiempo suficiente para pasarlo juntos como familia. Los padres deben informar a sus niños de que no podrán contar con su ayuda para las tareas escolares porque no saben el idioma. También se les debe decir si van a vivir con otra familia bajo el mismo techo porque no hay dinero suficiente para tener una casa propia. Otro asunto importante del que deben informar a los hijos es que tal vez no puedan ir a la universidad porque no poseen los documentos legales necesarios para matricularse. Y que a pesar de que las reglas para matriculación varían de universidad a universidad, el costo de la matrícula puede ser mayor de lo que los padres pueden pagar y su estado de residencia podría impedir que recibieran la ayuda financiera establecida por la institución. Pero eso no quiere decir que los padres no buscarán guía y ayuda de maestros y de otros padres para resolver la situación y ayudarlos en su búsqueda de una educación avanzada.

Cabe notar que los padres inmigrantes se preocupan sobremanera por la situación económica de su familia y a veces dejan a un lado, sin querer, la situación emocional causada por la mudanza. Esto puede dejar a los niños sin muchas herramientas emocionales para manejar las situaciones que se presentan como, por ejemplo, la violencia, las drogas, el embarazo y las pandillas. Es muy importante que los padres mantengan una comunicación abierta para hablar de cualquier situación que se presente y que guíen a sus niños de la mejor manera posible durante la transición, aunque esto signifique pedir la ayuda de otros padres, maestros o familia. Mientras más rodeemos a nuestros niños de personas que quieran lo mejor para ellos, que los escuchen, que les den consejos y dirección, y que sirvan de buen ejemplo para ellos, más herramientas tendrán para capear momentos incómodos o difíciles y más confiados se van a sentir compartiendo lo que sienten.

Cuando los padres se mudan primero

¿Y qué pasa cuando los padres se mudan primero a los EE. UU., dejando a los hijos atrás con familiares? La adaptación es difícil para los hijos que se quedan atrás. Los padres tratan de mantenerse conectados a través de llamadas telefónicas, y hoy día quizás hasta con Skype o FaceTime, y les dan a los abuelos u otros familiares todo el poder disciplinario. Pero es una situación difícil para los niños, ya que se sienten solos, abandonados, frustrados y tristes. Los padres quieren controlar su vida, pero están muy lejos. La unidad familiar se ha roto. Cuando este niño se reencuentra con sus padres ha dejado atrás un ambiente rural, con características culturales y sociales muy diferentes a las que se le presentan en el nuevo país. Va a encontrarse solo muchas horas al día, ya que sus padres están trabajando. Todo es nuevo para él y tiene que aprender a adaptarse a todo: idioma, escuela, amigos, y comida, entre otras cosas. "Debo hacer hincapié de nuevo en lo importante que es que los padres sean conscientes del nivel de estrés que padecen los niños", dice Klem. "Hable con ellos sobre lo que sienten, sobre la escuela, los amigos. Conversen sobre su nueva vida y denle importancia a sus emociones y sentimientos. Tener una comunicación abierta con los niños puede ser muy beneficioso para el desarrollo de una relación positiva y fuerte, pase lo que pase".

Los niños inmigrantes llegan a los EE. UU. con la ilusión de reencontrarse con sus padres, pero con los padres que ellos conocían antes de que emigraran. Rápidamente descubren que estos padres han cambiado, que su modo de vida aquí es distinto, tal vez tienen una nueva pareja, quién sabe si quizás hayan tenido otros hijos aquí, y sus trabajos son duros y exigentes. Celos, reproches y hostilidades son algunos de los sentimientos que pudieran aflorar en los hijos. "Los niños vienen a este país sin ninguna preparación emocional, y cuando encuentran una nueva versión de la familia que conocían, se decepcionan o pueden sentir resentimiento", explica Klem.

Es importante que los padres mantengan una comunicación abierta con los niños sobre porqué decidieron emigrar. Deben compartir con sus hijos sus experiencias cuando recién llegaron a este país, porque esto ayudará a los niños a darse cuenta de que es normal sentirse inseguro y diferente al emigrar, pero que pronto se adaptarán a su nueva vida, y harán amigos, al igual que les sucedió a sus padres.

Escuchar a nuestros hijos

A continuación podrán leer tres relatos de jóvenes inmigrantes cuyos padres y abuelos les ayudaron a adaptarse a la vida americana sin renunciar a sus valores latinos. Tal vez cuando lea cómo lidiaron estas familias con el reto de la americanización encontrará similitudes con las dificultades por las que pasan sus hijos y descubrirá estrategias para manejarlas.

Marlon: Necesitamos el barrio entero para lograr la asimilación

Marlon tenía tres años de edad cuando su madre, Susana, emigró hacia los EE. UU., dejándolos a él y a sus dos hermanos mayores en Guatemala con su abuela materna. Susana vino en busca de trabajo. Al morir su abuela un año después, los niños tuvieron que ir a vivir con su tía y la familia de ésta. "La vida en casa de mi tía fue difícil", afirma Marlon, y añade que ella no tenía tiempo para servirles de madre sustituta y mucho menos para enseñarles nada. "Mis hermanos y yo seguíamos las reglas de la casa, pero no se hacía hincapié en el aprendizaje". Su padre los había abandonado cuando Marlon tenía un año de edad, así que fue Frank, el hombre con quien su madre se casó al emigrar a los EE. UU., quien se convirtió en la figura paterna para él y sus hermanos. Frank, mitad mexicano-americano y mitad canadiense, acompañó a Susana a visitar a sus hijos a su tierra natal, Guatemala, y en ese momento se convirtió en el padre que los chicos nunca tuvieron. "Ese es el primer recuerdo que tengo de mis padres. Y aunque Frank era mi padrastro, él y yo conectamos como padre e hijo".

Tuvieron que pasar ocho o nueve años más para que Marlon pudiera ver nuevamente a su madre y padrastro. A los catorce años se mudó a los EE. UU. Ya su madre había asistido a una escuela para adultos y aprendido inglés, y se había adaptado a la forma de vida de los americanos. Según Marlon, la adaptación a su nueva vida fue más fácil para él que para su madre, principalmente porque él había asistido a una escuela primaria católica en Guatemala y allí había aprendido el inglés.

"Ya cuando yo llegué ella sabía inglés y mi padre y mi abuela también lo hablaban. Eso me ayudó mucho, pero yo todavía no tenía fluidez". Debido a que su madre emigró cuando él era pequeño y no estuvo a su lado mientras él crecía, no tienen una relación muy buena, pero Marlon sabe que ella lo ama incondicionalmente. Y aunque su madre no ha estado involucrada en su educación, sí apoya sus ambiciones. Susana es una madre amorosa y cariñosa y le ha enseñado a Marlon a ser una persona gentil y bondadosa. "Si me sintiera triste y con deseos de hablar no iría donde mi madre a hacerlo. Ella no es ese tipo de madre, pero se esfuerza mucho para compensar su ausencia durante todos los años que no estuvo a mi lado".

Como no hablaba mucho inglés cuando llegó a EE.UU., Marlon no podía comunicarse con ninguna de sus maestras con fluidez. Al principio les pedía a sus amigos que le sirvieran de traductor, pero igualmente se sentía avergonzado y solo en la escuela. Las costumbres sociales de sus compañeros eran completamente distintas a las que él conocía, y esto le hacía sentirse terriblemente fuera de lugar. Uno de los primeros asuntos en los que Marlon notó la diferencia entre él y los chicos americanos fue la forma en que estos trataban a sus padres y maestros. "Los chicos no demostraban tener respeto alguno por las personas mayores; no querían seguir las reglas establecidas. En mi país, si me hubiera atrevido a hablarle de mala manera a una persona mayor, ¡hubiese recibido un azote!"

La madre de su padrastro, Isabel, fue la que se encargó de ayudar a Marlon a adaptarse a su nueva vida. Aunque los padres de Isabel habían nacida en Texas y crecido en California, eran de ascendencia mexicana. "Ella tenía muy arraigada sus tradiciones latinas", relata Marlon, asegurando que "eso incluye su manera de criar. ¡Era muy estricta!". Isabel obligaba a Marlon a leer libros en inglés durante dos horas cada día, mientras que su padrastro le hablaba en ese idioma todo el tiempo, además de ayudarle en sus tareas escolares. "Me guió e instruyó sobre cómo era la vida en los EE. UU.", recuerda Marlon. "Aprendí sobre los peligros de las drogas gracias a él. Fue un buen consejero y un padre noble para mí".

Para Marlon sus dos primeros años en los EE. UU. fueron definitivamente los más difíciles. "Tuve que repetir el octavo grado, por lo que mi experiencia en la escuela intermedia fue complicada. Pensaba que tenía que lucir orgulloso, fuerte y accesible. Los estudiantes más jóvenes veían en mí un ejemplo a seguir, tal vez porque les agradaba mi madurez. Ya en la escuela secundaria la situación mejoró. Siempre estaba deseando adquirir conocimientos, por lo que mi lugar preferido era los salones de clases. No se me consideraba parte del grupo más popular, sino como un buen estudiante. Yo demostraba interés y esfuerzo, dos cualidades que los maestros apreciaban".

A pesar de las batallas que tuvo que luchar de adolescente, Marlon es hoy una persona feliz. Está haciendo estudios de postgrado en Administración y Política Pública. También planea obtener un Doctorado en Educación Política o Liderazgo y un Doctorado en Administración Pública.

Araceli: Superar el estigma de ser ilegal

Años antes de que naciera Araceli sus padres habían emigrado a los EE. UU., pero regresaron a su México natal porque encontraron muy difícil la adaptación al nuevo país. Sin embargo, decidieron volver a los EE.UU., esta vez con una bebé de un año y medio, Araceli. Comprendieron que en este país habían disfrutado de una vida mejor, por lo que decidieron darse otra oportunidad y volver a intentarlo. A Araceli, que ahora tiene 19 años, le asombra cuán difícil fue para sus padres traerla a este nuevo país. No solo se arriesgaron a cruzar la frontera, sino que dejaron atrás a dos hijas pequeñas, una de 4 años y la otra apenas una bebé. Una vez en los EE. UU. les fue imposible encontrar trabajo debido a la barrera del idioma. Sin trabajo, no había manera de mantenerse a flote. "Mi mamá tuvo que manejar el dinero con mucha precaución para que pudiésemos vivir adecuadamente", confiesa Araceli.

El cuidado de los chicos también resultó complicado. La tía de Araceli tenía a su cargo diez niños, para que todos los adultos inmigrantes pudiesen trabajar y ganar dinero. "Mi tía hizo su parte, nos dio de comer y nos tuvo jugando en su jardín, pero básicamente nos cuidábamos nosotros mismos".

A pesar de que llevan 20 años en este país, los padres de Araceli aún no dominan bien el inglés, pero sí han adoptado algunas de las costumbres americanas, como celebrar el Día de Acción de Gracias y el Cuatro de Julio. Y han aprendiendo a ser más liberales y a confiar más en sus hijos. En México los padres son más estrictos y no les dan a sus hijos permiso para salir a menudo, especialmente si son mujeres.

"En algunos aspectos, la adaptación ha sido más difícil para mí. Temía decirle a la gente que no había nacido aquí, que vivía en un garaje con una familia de seis miembros, y que en un momento dado hablar inglés me hacía sentir cohibida. No obstante, mis padres tenían problemas mayores, como asegurar que tuviéramos un hogar donde vivir".

Araceli tenía sentimientos encontrados sobre su posición de inmigrante. Durante su segundo año de escuela secundaria sus compañeros hablaban todo el tiempo de sacarse la licencia de conducir. "Todos venían corriendo hacia mí y llenos de entusiasmo me preguntaban, 'Cheli, ¿ tú también vas a sacarte la licencia?' Mi primer pensamiento era, 'No, no puedo. ¡No nací en este país!' pero lo que salía de mi boca era distinto, 'No, mis padres no pueden costearlo ahora. Esperaré hasta cumplir los 18 años'. Siempre había un momento o una situación en la que tenía que mentir", revela Araceli.

Los padres de Araceli son inmigrantes ilegales, lo que ha resultado en problemas prácticos, económicos y sociales. "Mis padres nunca me sentaron y me explicaron que yo era diferente a los niños americanos", expresa Araceli, y añade que no pudo percibir las diferencias entre un adolescente americano y un adolescente indocumentado hasta que fue mayor. "Fue muy difícil para mí ver a mis amistades americanas haciendo cosas que yo no podía hacer, como manejar un auto, o asistir a la universidad estatal o a una universidad en el extranjero". Al pasar de los años los padres de Araceli se han adaptado mejor a la usanza americana, pero Araceli continúa batallando con el hecho de que fue una persona ilegal o indocumentada. "Saber que no nací aquí y que no asistí a la Universidad me afecta más ahora que cuando estaba en la escuela secundaria. Uno podría pensar que la ayuda financiera se concede basada en tus méritos, pero no es así; todo depende del lugar donde naciste. No pude solicitar entrada en las universidades de mi preferencia porque no podía conseguir ayuda financiera. Sin embargo, estas injusticias me enseñaron a ser una persona compasiva, a aceptar a los demás y ser tolerante. Mi fe me ha ayudado a comprender que las cosas suceden para hacernos más fuertes. Me he convertido en una persona fuerte y eso me ha ayudado a lograr mis sueños y objetivos".

Araceli reconoce que fueron su madre y su hermana María las dos personas que la ayudaron a sobrellevar los tiempos difíciles de su vida como joven inmigrante. "Mi mamá me enseñó la ventaja de ser bilingüe. Ella no habla inglés con soltura, pero entiende que si uno es bilingüe, las oportunidades de empleo son mucho mejores. Mi hermana me alentó a solicitar admisión en la universidad, a hacerlo todo mejor, a ser mejor, y a querer ser mejor, y por ello le estoy agradecida. Ella y mi madre son los ejemplos perfectos en mi vida de lo que es la mujer latina fuerte".

Estas dos mujeres han tenido más influencia sobre Araceli que cualquiera de sus amigas. "Me he adaptado bien al sistema americano, pero no hasta el punto de que mis amistades tengan más influencia sobre mí que mis padres. Tengo que admitir que ha habido ocasiones en las que me he quejado porque he querido hacer cosas que mis amigos hacían, pero ahora que soy mayor, los entiendo", acepta Araceli.

Araceli finalmente consiguió estudiar en la universidad y se ha graduado con una Licenciatura en Psicología y una concentración menor en Recursos Humanos. Hoy día, es una terapeuta especialista en comportamiento y trabaja para una organización de salud mental privada sin fines lucrativos. Es ciudadana americana y está orgullosa de poder votar como ciudadana en las próximas elecciones de los EE. UU. A su entender, criar niños que aprecien y respeten ambas culturas resulta provechoso. "Algo hermoso que tiene el nacer en un país distinto es poder relacionarse con las dos culturas. Soy capaz de comunicarme en ambos idiomas, español e inglés, y puedo relacionarme con más personas que una persona que hable solo un idioma. Se han abierto puertas para mí que no hubiesen estado disponibles si no fuera por mi origen y mi pasado. Entender dos culturas distintas me ha permitido apreciar la belleza que existe en la diversidad e individualidad de las personas, independientemente de su situación económica".

Carlitos: El camino al éxito es doloroso

Carlitos, el mayor de cuatro hijos, llegó a EE.UU. cuando tenía diez años de edad. Su padre, un hermano y él trabajaban como vendedores ambulantes en las calles para ayudar a mantener a la familia, lo que les ocasionó que los multaran y arrestaran. De acuerdo a Carlitos los discriminaban simplemente por su apariencia y nacionalidad. Un día, en la escuela, un oficial de la policía arrestó a Carlitos sin razón ninguna. "No estaba haciendo nada incorrecto", sostiene Carlitos, asegurando que el arresto se debió a que al policía "no le gustó mi aspecto". Los padres de Carlitos son inmigrantes ilegales que no hablan inglés, por lo que se tienen que conformar con empleos que pagan solo el sueldo mínimo.

"No tuve las mismas oportunidades que otros chicos de mi edad", expresa Carlitos. "Otros chicos tenían más tiempo para estudiar y estar al día con sus tareas. Tenían tiempo de buscar opciones para mejorar su educación, como becas, y de hacer actividades divertidas con su familia y amistades. Mi familia y yo apenas teníamos tiempo para nada", se lamenta Carlitos.

Su frustración le llevó a unirse a una pandilla hasta que la tragedia le tocó muy de cerca. Su mejor amigo, Ramón, fue asesinado. Habían sido amigos desde que Carlitos llegó a EE. UU. "Ramón se me acercó y se presentó. Desde ese momento fuimos amigos hasta el día que murió. Me ofreció ayuda y apoyo cuando más lo necesitaba, y jamás lo voy a olvidar. Pero Ramón escogió el camino equivocado. Cuando murió me di cuenta de que esa no era la vida que yo quería. Decidí quedarme en la escuela secundaria. Estaba decidido a graduarme, aun cuando fuera un camino lleno de obstáculos", recuerda Carlitos con tristeza, pero con firmeza.

Sus padres le animaban y apoyaban para que continuara su educación. "A pesar de haberme juntado con malas amistades mis padres nunca me abandonaron. Siempre me dijeron que el mejor regalo que ellos nos podían dar a mis hermanos y a mí, era una buena educación, y que ese regalo nadie nos lo iba a poder quitar nunca. De ellos aprendí el valor del trabajo y la dedicación a la familia, y cuán importante es dar a los demás". Había momentos en los que los padres de Carlitos temían que sus amigos americanos tuviesen más influencia sobre él que ellos mismos, pero Carlitos siempre les aseguró que las personas que más impactarían su vida siempre serían ellos.

Actualmente Carlitos disfruta asistiendo a la universidad y sirve de consejero a chicos más jóvenes, guiándolos y ayudándolos en su proceso de adaptación a su nueva cultura. "Mis padres me ayudaron al obligarme a acudir a la escuela cuando lo único que yo quería era abandonarla y ponerme a trabajar. Me enseñaron que la vida incluye experiencias buenas y malas, y aprendí a distinguir entre el bien y el mal. ¿Acaso no es esa una de las responsabilidades más importantes de unos padres, sea cual sea su cultura? Estoy decidido a mejorar yo y mejorar la sociedad. Me he impuesto ese compromiso. A mis padres les prometí que nada me detendría y que continuaría mi educación y mi carrera".

María: Asumir la biculturalidad con agradecimiento

María, nacida en el Sur de California, es primera generación mexicana-americana. Sus padres son del centro de México. Su mamá tenía catorce años cuando emigró a EE. UU. y su padre tenía dieciséis. Cuando su madre tenía quince años y su papá diecisiete, nació María. Durante sus primeros seis años de vida María habló solo en español y se topó con el inglés cuando entró en la escuela. En la escuela, la mayoría de los estudiantes solo hablaban español, lo que hacía difícil que aprendieran inglés con fluidez. Entonces se fue a México a vivir con sus abuelos y el inglés quedó a un lado, a pesar de que tomaba clases privadas parte del tiempo para asegurarse de no perderlo completamente.

Para María, ser mexicana-americana es una experiencia única que no cambiaría nunca. Y a pesar de que se le han presentado retos en el camino, María cree firmemente que superar esos momentos le ha dado fuerza para afrontar cualquier problema y alcanzar el éxito. Sin embargo, ha habido veces en que su experiencia bicultural ha sido confusa y frustrante. "Siento que me perdí costumbres americanas como la música, las tradiciones, las frases idiómaticas, entre otras, lo cual me ha impedido disfrutar o participar plenamente de experiencias puramente americanas. Al mismo tiempo, como no nací ni crecí totalmente en México, también siento que me hizo falta la experiencia puramente mexicana. Ha habido momentos en los cuales esta situación me ha hecho sentir como una intrusa. Pero, realmente, puedo decir que el haber sido expuesta a las dos culturas me ha dado la oportunidad de escoger los mejores valores, las mejores experiencias y las mejores tradiciones de ambas".

Una de las cosas que María aprecia más de su biculturalismo son las sutilezas culturales que puede captar cuando las personas hablan en su idioma nativo. "¡Eso me parece facinante!", dice. "Cuando nos comunicamos con personas que hablan su idioma nativo, no hay que explicar las sutilezas culturales". El ser bicultural ha enseñado a María a ser más abierta, a juzgar otras culturas sin prejuicios. "Ser bicultural no significa que actuemos un cincuenta por ciento del tiempo de una manera y otro cincuenta por ciento de la otra. Mantener un equilibrio entre dos culturas no significa que cada una tenga un porcentaje igual a la otra todo el tiempo. A veces una de las culturas está más presente que la otra. Especialmente, si hay un idioma prevalente. Con familia, el idioma español nos puede hacer sentir seguros y más cómodos. Así me siento yo con mi familia. En el trabajo, con mis colegas, hablo inglés. Con mis estudiantes, es más español. Con algunos amigos, español y con otros inglés y muchas veces me muevo entre español e inglés sin vacilar. Lo que me ha ayudado a encontrar un balance entre ambos idiomas y ambas culturas es tener la oportunidad de ser yo misma en cualquier situación".

María y su esposo, quien es una mezcla de escocés, alemán y mexicano, tienen un hijo de dos años. Cuando le pregunté por las similitudes entre cómo la criaron a ella y cómo está criando a su hijo, me dijo que está criando a su hijo con la misma religión que la de ella. También le habla en español y le enseña los valores que son importantes para su cultura latina: su religión, el valor de la familia y las costumbres, el respetar a los adultos, y el ser bilingüe. En cuanto a las diferencias, para ella es importante que su hijo aprenda a ser independiente desde pequeño: "En mi opinión eso es una destreza inestimable que lo va a ayudar a convertirse en una mejor persona. Igualmente importante es enseñarle a ser firme en sus convicciones. ¡Podemos aprender tanto de los niños si tan solo los escuchamos!".

Al igual que otros padres latinos, María es consistente con la disciplina, inculca las reglas de la familia y enfatiza el buen comportamiento. Ella no cree en pegarle al niño, como padres latinos de otras generaciones: "Creo que mi manera de disciplinarlo es más efectiva. Tengo la suerte de haber sido expuesta a diferentes maneras de diciplinar. No creo que ni mi madre ni mi abuela tuvieran la misma suerte y ellas lo hicieron lo mejor que pudieron". Ella está muy orgullosa de su madre y de su abuela. "Mi madre y mi abuela me enseñaron los valores importantes que espero mi hijo aprenda, como trabajar duro, tener integridad, respetarme a mí misma y ser firme, pero de manera positiva y respetuosa".

A pesar de estar criando a su hijo bilingüe, a veces le es difícil ser consistente. "En el preescolar, está escuchando inglés la mayor parte del tiempo. En casa, a veces mezcla los dos idiomas. Él sabe algunas palabras en inglés y otras en español. Por ejemplo, el dice 'apple,' y yo repito 'manzana'. Entonces él me dice, 'no, apple,' pensando que estoy diciendo una palabra diferente en lugar de traduciendo lo que él ha dicho de inglés a español. A su edad todavía no entiende la diferencia. Es un reto. Está muy pequeño para distinguir entre un lenguaje y otro. Otro reto es hablar con él en público en español. Por alguna razón, siento que las demás personas me juzgan al hacerlo. ¿Pensarán que no le doy la importancia necesaria al inglés? Es curioso. Realmente no sé porqué me siento así", comenta.

La esperanza de María es que su hijo aprenda a apreciar ambos idiomas y ambas culturas. "No quiero que crezca pensando que un idioma es más importante que el otro, solo que es diferente, dependiendo de la situación".

María cree que exponer a los niños a varias culturas les enriquece. Muchos niños no tienen esa ventaja. "La única manera en que podemos asegurarnos de que los niños crezcan valorando ser bilingües y biculturales es el ejemplo que les damos como padres, demostrando que respetamos y apreciamos nuestro idioma nativo, nuestra cultura y la de otros".

Hoy día, María es profesora de español y coordinadora de idiomas modernos del Napa College en el norte de California, y fundadora de la consultoría Spanish Language Consulting, una compañía que ofrece servicios de lenguaje como traducciones, ediciones, revisión de textos y entrenamiento. Además, es consultora de español para el programa *Nina's World* de la compañía NBC Universal, transmitido en la cadena Sprout. "Como persona bicultural", afirma, "represento lo mejor de ambos mundos. ¡Sí se puede!"

Consejos para el padre inmigrante

Cuando nuestros hijos comienzan a mostrar un comportamiento que nos enoja o nos desconcierta nuestra primera reacción es pensar que en algo les hemos fallado. Si bien es cierto que a veces estamos convencidos de que los amigos americanizados de nuestros hijos tienen más influencia sobre ellos que nosotros, somos los padres los que influenciamos más sus vidas... si no tenemos miedo de hacerlo, claro está. Para ayudarles a balancear los valores americanos y latinos, les voy a ofrecer una serie de recomendaciones. Estas ideas pueden ayudarles a usted y a sus hijos a aceptar más fácilmente su nueva vida en este país, haciendo compromisos, negociaciones y concesiones con las que ambas partes puedan vivir tranquilas. En los Capítulos 5 y 6 podrá encontrar otras ideas y recomendaciones que le servirán en su proceso de adaptación.

1. Tiene que comprender que sus hijos están atravesando un período difícil mientras tratan de adaptarse a una nueva vida. Como padres ustedes han de ayudarlos

2. Separe tiempo para sus hijos. Si usted y su pareja trabajan fuera del hogar, cenen juntos en familia. Si no pueden hacerlo todas las noches, háganlo frecuentemente. Si usted o su cónyuge trabajan el turno de noche, traten de pasar tiempo juntos como familia durante el fin de semana. Vayan a la playa, al parque, cocinen juntos en la casa. Hagan las mismas actividades que harían como familia si estuvieran en su país natal.

3. Conozca a los amigos de sus hijos. Invítelos a su hogar, sea cual sea su procedencia o aunque no hablen su idioma. Si hay algún amigo de sus hijos que a usted no le gusta y piensa que es una mala compañía para su hijo, dígaselo, háblelo con él. Dele la oportunidad a su hijo de que le explique qué tiene ese amigo que le llama la atención.

4. Invite a cenar en su hogar a los padres de los amigos de sus hijos. Los niños se sienten amados cuando ven que sus padres hacen un esfuerzo por ser parte de sus vidas. Además, sus hijos tendrán cuidado al escoger sus amistades, y no escogerán amigos que usted desaprobaría.

5. Confíe en sus hijos. Si crecen sabiendo lo que es correcto y lo que no lo es, seguirán las reglas estén dónde estén.

6. Participe en sus vidas. Probablemente la única diferencia entre un joven que se incorpora a una ganga o pandilla y otro que no lo hace es la presencia de sus padres en su vida.

7. Espere lo mejor, sea lo mejor. Confíe en usted mismo.

Mi diario de crianza

Padres e hijos inmigrantes necesitan estar preparados para los cambios que van a atravesar, y tienen que mantener las líneas de comunicación abiertas. Use este capítulo para comenzar un diálogo con sus hijos. Hable de sus emociones, qué sienten por haber dejado su vida previa, y cómo se sienten en este nuevo país. Compartan sus sentimientos. He aquí unas preguntas que pueden ayudarle a comenzar.

1. ¿Está usted feliz? Si no lo está, ¿qué le está preocupando? ¿Cómo podríar remediarlo?

2. ¿Cómo están sus hijos? ¿Están felices? Si la respuesta es no, ¿sabe usted específicamente qué les está molestando? ¿Cómo puede averiguarlo? ¿Cómo puede usted ayudar a corregir esta situación?

3. ¿Está dedicándole tiempo a su familia? Si no lo está haciendo, ¿cuál es la razón? ¿De qué forma puede asegurarse de que la familia pase más tiempo junta?

4. ¿Ya conoció a los amigos de sus hijos? ¿A sus padres? Si no lo ha hecho, ¿por qué no? ¿Tiene idea de cómo lograr conocer a los amigos de sus hijos y a los padres de estos?

5. ¿Ha hecho usted un esfuerzo para conocer a los maestros de sus hijos? ¿Qué podría hacer para reunirse pronto con ellos?

Capítulo 3: Balancear las dos culturas

"He estado en este país veinte años. Mis dos hijos nacieron aquí. Temí que ellos no supieran apreciar su patrimonio cultural, pero estaba decidida a que crecieran con las dos culturas. Me adapté a la nueva y les ayudé a apreciar mi cultura. Hoy ellos están felices y orgullosos de ser mitad latinos y mitad americanos".

— *Teresa, 45 años*

"Fui la primera de mi familia en ir a la Universidad. Desde que nos mudamos a este país mis padres se involucraron por completo en mi educación. Era muy importante para ellos que yo tuviese todo lo que ellos nunca tuvieron. Fue muy fuerte para ellos aceptar muchas cosas... pero pudimos hacerlo. Se puede hacer."

— *Lupita, 24 años*

La realidad es que aun cuando sus hijos hayan nacido en este país, o hayan emigrado con usted, están creciendo con dos conjuntos de valores que en ocasiones se contradicen. Tendremos éxito como padres si podemos balancear lo que ofrecen ambas culturas, y logramos integrar ambas. En otras palabras, nuestro éxito como padres requiere que abracemos aspectos positivos de la cultura americana mientras estimulamos en nuestro hijos sentimientos de orgullo latino. Está en nuestras manos ayudarlos a aceptar su identidad bicultural y encontrar un equilibrio perfecto que reconozca y honre lo mejor de los dos mundos. Así que la próxima vez que su niño de ocho años llegue a la casa y le informe que no va a hablar español más nunca, siéntelo y explíquele las ventajas de ser bilingües. ¡Recuérdele cuán inteligente es porque puede hablar dos idiomas en lugar de uno solo!

Cuando su hija de catorce años se queje de lo mucho que odia su nueva escuela, pregúntele por qué se siente así. Tal vez comparta con usted lo difícil que le ha resultado hacer nuevas amistades. En ese caso, usted podría llamar a su maestra o a la orientadora escolar y pedirles una reunión. Si usted no habla perfectamente el inglés, pídale a alguna amiga o amigo que le acompañe y le sirva de intérprete. Seguramente la maestra o la orientadora le ofrecerán recursos que pueden beneficiar a su hija, así como consejos que le ayudarán a hacer amigos con desenvoltura. Independientemente de la forma que usted escoja para ocuparse de este asunto, es importante para su hija saber que usted está disponible para escucharla, que le importa lo que ella está pasando y que la quiere ayudar.

Lo mismo aplica para su hijo de diez años que se mete en problemas en la escuela. Tal vez la llamen de la escuela para decirle que su hijo ha estado involucrado en una pelea. Cuando va allí, la maestra le informa que su hijo ha estado portándose mal en el salón de clases, junto con un grupete de amigos con los que anda. Seguramente le dirá que este tipo de comportamiento es usual en niños que han emigrado de otro país y que se sienten ansiosos en su nueva escuela y en su nuevo país. A menudo los chicos tratan de ser aceptados haciendo lo mismo que hace su "grupo", pero en este caso, ha seguido al grupo equivocado. Como padres, ustedes tienen que conversar con su hijo y preguntarle qué está pasando, cómo se está sintiendo. Su hijo necesita saber que usted entiende lo difícil que es para él estar en este nuevo lugar, y que quiere ayudarlo. Dígale que lo quiere, y que sabe lo pesado que es adaptarse a un nuevo país, lejos de todo lo que él ama y conoce. Indíquele que su vida aquí va a mejorar, pero que tiene que darse una oportunidad y debe escoger el camino correcto. Exprésele que usted está velando por él y que quiere lo mejor para él. Su apoyo y respaldo son muy importantes para su hijo.

Celebre su cultura con sus hijos

La mejor manera de asegurarnos de que nuestros hijos amen y aprecien nuestra cultura nativa es darles un buen ejemplo. Es responsabilidad de los padres exponer a los niños a su cultura latina, vivan donde vivan. Si los niños crecen celebrando y honrando sus costumbres y tradiciones en casa, como parte de su rutina diaria, aprenderán a preservarlas.

Martha, quien pertenece a la segunda generación mexicana-americana de su familia, les enseña a sus hijos sobre su cultura a través de la comida. "Mis hijos y yo comemos tamales durante la Navidad, y otras comidas típicas durante otras fiestas y muchos platos indígenas durante el año. Siempre les cuento historias de sus abuelitos y cómo eran sus vidas en México y en EE. UU. y así he mantenido la cultura como parte de su vida diaria. Mis hijos han crecido sabiendo lo orgullosa que me siento de ser latina y que ser latinos es una bendición. Quiero que ellos sientan ese orgullo. Ese es mi regalo para ellos".

Patty, una inmigrante colombiana, vino a este país a los dieciséis años. "La gente se burlaba de mí cuando me escuchaban hablar inglés. Así de fuerte era mi acento. Pero para mis hijas ha sido distinto, nacieron aquí y hablan ambos idiomas. Preservar mis raíces latinas se convirtió en un asunto muy importante para mí cuando nacieron mis hijos". Para conseguirlo, Patty cocina a menudo comida colombiana, y cada año visitan su país. Leen libros en español cada vez que pueden y se fueron a vivir a España durante un año para que sus hijas mejoraran su español.

Magali se mudó de Perú a los EE. UU., en donde conoció al que se convertiría en su esposo, un argentino llamado Jorge. "Siempre pensaba que cuando tuviera hijos debía asegurarme que hablaran español. Por eso cuando tuve a mis hijas les hablamos en español todo el tiempo y les leía en español en casa. Cuando entraron al preescolar no hablaban nada de inglés y se les hizo difícil estar allí porque no podían comunicarse en inglés. Creo que esta experiencia les hizo resentir un poco el español y se rehusaron a hablarlo por un tiempo porque les daba vergüenza. Sin embargo, todo eso cambió cuando tenían alrededor de once o doce años, una vez se dieron cuenta de que los hispanos estaban de moda, y era 'cool' serlo. Además entendieron que era una gran ventaja hablar dos idiomas en este país. Visitar nuestros países también ayudó a que entendieran la importancia y los beneficios de poder comunicarse con familiares y amigos en español. Las niñas crecieron celebrando y apreciando las tradiciones hispanas mientras vivían en este país y ahora aman su origen hispano", cuenta Magali.

Por mi parte, mis hijos disfrutaron la comida puertorriqueña como parte de su menú semanal, arroz con maíz, arroz con pollo, arroz con garbanzos y chorizos. Hablamos español, pero no tan a menudo como yo quisiera. Para poder incluir en las conversaciones a mi esposo, que no habla español, dejé de hablarles a los niños en español. Ahora hablan muy poco el idioma, excepto cuando estamos en Puerto Rico visitando a mi familia. Mi hijo tiene un amor inmenso por su etnicidad —mitad latino, mitad griego— y a todas las personas que conoce les habla con orgullo de sus raíces. Me fascina que anhele viajar a mi Isla, y disfrute aprendiendo todo lo relacionado con mi vida en mi país y mi cultura. Mi hija es más reservada sobre sus raíces, pero sé que le gusta contarles a sus amistades sobre la comida que cocino típica de mi país y de la cultura latina en la que crecí. Planea ir a España durante su último semestre de universidad y está contenta de que va a vivir con una familia que le va a hablar español todo el tiempo.

Mezclar lo mejor de los dos mundos

Cuando mis hijos tenían dos o tres años, recuerdo la facilidad con que cambiaban de idioma dependiendo de con quién hablaban en ese momento. Me maravillaba escuchar la transición instantánea y automática de hablar en inglés con su padre y en español conmigo. Como padres inmigrantes queremos que nuestros hijos tengan esa fluidez en los dos idiomas. Está en nuestras manos enseñarles a valorar su pasado y su cultura nativa, a apreciar su presente y su nueva cultura, y a esperar con los brazos abiertos su futuro, uniendo sus dos mundos.

A continuación encontrará cuatro historias de familias que pudieron combinar los dos mundos con mucho éxito.

Margarita: Mi educación en los EE. UU., mi carrera y mi amor por mi cultura mexicana inspiran a mis hijas

Margarita salió de su país hacia los EE. UU. a los catorce años.

"Estaba sola cuando llegué y eso me asustaba", reflexiona. Y añade, "Me lo tomé como un reto. Siempre fue importante para mí conservar la cultura mexicana, aun cuando era difícil hacerlo, pues estaba rodeada de un ambiente multicultural". El deseo de superación de Margarita era tan grande que le facilitó aceptar sin reservas una nueva cultura. "Encontré el equilibrio porque quería estudiar y alcanzar mi potencial, por lo que escogí unir con un puente imaginario mi cultura de origen con la de mi nuevo hogar. Cuando vi los resultados positivos que produjo ese equilibrio cultural, supe que ya yo pertenecía allí".

Uno de los pasos más importantes que tomó Margarita fue educarse. "Sabía que si lograba obtener un título universitario mi calidad de vida iba a mejorar significativamente. Ansiaba algo más para mi vida que pagar las deudas a fin de mes. Quería hacer una diferencia positiva en la vida de otras personas. Deseaba tener un impacto positivo en las vidas de mis hijas". Margarita se graduó con un título universitario en Computadoras y Administración Comercial y su hija mayor, Jannette, es una estudiante universitaria en vías de terminar también su Licenciatura en Administración Comercial. Su hija menor, Dianna, está en la escuela primaria y también aspira a asistir a la universidad.

Tanto Margarita como su esposo les están enseñando a sus hijas a sentir orgullo por sus raíces mexicanas. "Visitamos México y las chicas valoran las tradiciones con las que mi esposo y yo crecimos. Conocen las tradiciones mayas y las de Yucatán, y las mezclamos con las americanas ¡y funciona todo muy bien! Siempre les digo que la única forma de poder apreciar su presente y dónde se encuentran en este momento, es admirando su pasado y el lugar de donde vinieron".

Margarita enseña clases de computación a adultos inmigrantes latinos. Su entusiasmo y actitud positiva son posiblemente una de las razones por las que su integración cultural ha sido tan exitosa. "Aceptamos los cambios y les damos la bienvenida. Estamos abiertos a probar nuevas experiencias. Por ejemplo, dedico tiempo a conocer a las amigas americanas de mis hijas para que estas puedan dormir en su casa, algo que yo no experimenté mientras crecía".

La hija mayor de Margarita, Jannette, ha tenido problemas para balancear las dos culturas, pero está progresando. "Cuando era adolescente tuve muchas tentaciones, típicas de la edad", dice la joven, "pero como crecí en un hogar en el que la sociedad moderna y los fuertes valores familiares no estaban en armonía, me resultó más difícil romper las reglas". En una ocasión, cuando estaba en la escuela secundaria, un grupo de amigos organizó una fiesta a la que ella iba a asistir... hasta que se enteró de que la fiesta iba a ser durante horas de clases. "Casi podía escuchar la voz de mi mamá en mi cabeza diciéndome que ella me había criado con mejores valores. Por supuesto que mis amigos trataron de convencerme de asistir a la fiesta, pero yo le tenía miedo a mi madre. ¡Qué bueno que no fui, porque el grupo que asistió terminó castigado con detención en la escuela, y yo me salvé de ese castigo!"

Yvonne: Me aferré a mis valores familiares, pero encontré la forma de apreciar lo mejor de los dos mundos

Yvonne emigró a este país proveniente de Perú hace casi treinta años. Con apenas veintitantos años, Yvonne llegó buscando una vida mejor. Al principio le fue difícil adaptarse pues se encontraba sola, sin familia. Pero lo que aprendió en ese tiempo fue que los valores con los que su familia le había criado le darían la fuerza necesaria para seguir adelante en su nuevo ambiente. "Los principios y valores morales que sembraron en mí desde pequeña han permanecido conmigo siempre. Tanto mientras trataba de adaptarme a un nuevo país, como cuando me convertí en madre y me cuestioné mi capacidad para serlo, o en medio de cualquier conflicto, como cuando mi esposo y yo decidimos divorciarnos... esos valores tan arraigados en mi ser subieron a la superficie para recordarme quién soy".

Yvonne creció en un ambiente muy estricto. Aunque a veces cuestionaba las decisiones de sus padres jamás lo hizo en voz alta, solo en su mente. Ya de adulta, agradeció haber sido criada en un hogar conservador. "Los valores con los que mis padres me criaron me convirtieron en una persona que contribuye, que ofrece, que otorga, en lugar de una persona que toma, que agarra lo que otros le ofrecen. Eso aplica en todos los apectos de mi vida", afirma convencida Yvonne, al tiempo que asegura que ella estaba decidida a aportar una contribución positiva a este país. Desde la primera vez que recibió un cheque por su trabajo, ha pagado sus impuestos. Cree firmemente que fue capaz de adaptarse a la cultura americana porque aceptó que otras personas harían lo que sus principios les dictaran, igual que ella. "Pude haber trabajado en lugares en los que me pagaban por debajo de la mesa para no tener que pagar impuestos. Pero mis principios no me permitían tan siquiera considerar un trabajo así. No juzgaba al que lo hiciera, pero escogí actuar como mis padres me habían enseñado. Básicamente lo que hice fue tomar lo mejor de las dos culturas y unirlas". Ella y su ex-esposo criaron y enseñaron a su hija, quien ahora tiene 26 años, de la misma forma.

"Mi hija es una mujer equilibrada y emocionalmente estable. Valora a su familia peruana a pesar de que solo la ha visto en un puñado de ocasiones. Sabe que una llamada telefónica a sus abuelitos significa un mundo para ellos. El día de su boda era importante para ella que su familia peruana estuviese presente", explica Yvonne. "Crecer y educarme en un hogar bicultural me permitió definirme como persona", expresa Natalie, la hija de Yvonne. "Mi padre es americano y mi madre es peruana, pero yo tengo ambas nacionalidades. Creo que no pude entender los beneficios de mi crianza hasta que empecé la escuela secundaria, y ahora que estoy casada y soy madre me doy cuenta. Mi madre era más estricta que mi padre, ya que había cosas que en Perú no se consideraban apropiadas para una chica en la escuela secundaria, pero que aquí en EE.UU. eran normales, como ir a fiestas y citas con novios", dice Natalie. Ella aprendió a respetar y balancear ambas formas de crianza, lo que según cuenta le ayudó a no meterse en problemas. Natalie dice sentirse orgullosa de ser mitad peruana. "Respeto la unidad familiar que existe en mi familia peruana, y deseo lo mismo para mi propia familia. Quiero que mis hijos sean bilingües y que aprendan a amar la comida y las costumbres peruanas. Yo hablo español siempre que puedo y pienso hacer lo mismo con mis hijos.

Veo cómo mi prima, que se crió aquí en EE.UU. como yo, y se casó con un americano, ha adoptado totalmente su crianza y está buscando maneras de enseñarle a sus hijos ambas culturas. Eso es lo que yo quiero para mi hijo también".

Dan: Escuchando la música de mi tío aprendí sobre la lucha de los mexicano-americanos

Los abuelos de Dan nacieron en México, por lo que él pertenece a la segunda generación de mexicano-americanos de su familia. "Aunque no viví las experiencias de un inmigrante, sí recuerdo claramente escuchar a mi tío Lalo Guerrero cantar canciones que describían los retos que enfrentaban los mexicano-americanos que crecían en los EE. UU". El tío de Dan, Don Lalo, conocido como el padre de la música chicana, contaba en su música la falta de aceptación que sufría en este país, y el desdén y menosprecio con que lo trataban en México cuando iba de visita. Dan jamás olvidó la tristeza que le embargaba cada vez que escuchaba dicha música. "Se sentía marginado en ambos países. Es muy penoso no poder identificarte con una patria, y tolerar el rechazo de personas insensibles en ambos países. Sentía que estas canciones describían mis propias experiencias".

Dan se crió en una ciudad en la que la diversidad se veía como algo natural. Estuvo expuesto mientras crecía a personas de diferentes culturas que celebraban esas diferencias con gran orgullo y encontraban una armonía perfecta entre la conservación de sus raíces y el aprecio a su nueva vida en EE.UU. Esto fomentó en Dan el deseo de aprender más sobre sus antepasados y su herencia cultural. En su hogar siempre se hablaba español, ya que los abuelos de Dan venían a visitar frecuentemente y ellos no hablaban inglés. Al mismo tiempo, sus padres le inculcaron principios fundamentales: asegúrate de tener una buena educación, traza tus metas y no renuncies a tus sueños.

Los hijos de Dan son mitad mexicanos y mitad italianos, y los han criado valorando sus culturas: disfrutando las comidas, la música, la lengua y la historia de cada tradición. Aunque Dan no es inmigrante asegura que puede identificarse con el concepto de aquel que está solo, desamparado. "Tuve que avanzar poco a poco en una profesión en la que las personas que lucían como yo jamás llegaban a tener posiciones prominentes". Como director de atletismo de la Universidad de California en Los Ángeles, Guerrero luchó contra los estereotipos para poder alcanzar la posición que ostenta actualmente. "Aprendí de mis padres a valorar mi educación y a aspirar alto, bien alto. Mis padres me motivaron a proponerme ser mejor, por lo que no permití nunca que el color de mi piel me disuadiera de mis metas".

Valentina : Una costarricense con un corazón rojo, azul y blanco

Valentina es mitad americana y mitad costarricense, pero como vivió sus años formativos en los EE. UU. creció considerándose americana. "Mi mamá cocinaba y limpiaba nuestra casa mejor que nadie que conozco. En casa se hablaba español y se practicaba el catolicismo. El inglés solamente se escuchaba en la radio, en la televisión o en la escuela. No recuerdo ninguna conversación en mi casa en la que se hablara abiertamente sobre la cultura". Valentina nunca pudo entender por qué otros niños no querían venir a su hogar, o por qué sus padres no le permitían irse a campamentos de verano lejos de su casa, como hacían muchos de sus amigos. "Lo más cercano que viví a un campamento de verano fue durante mi época como exploradora (girl scout), cuando acampábamos a una milla de mi hogar", recuerda Valentina.

En su opinión, mantener un balance entre ambas culturas nunca fue un tema de discusión. Su padre siempre les dijo a ella y a sus hermanos que eran americanos y pertenecían al mejor país del mundo, a lo que su madre, enfurruñada, añadía, "¡También somos costarricenses!"

A los doce años Valentina se mudó a Costa Rica, regresó nuevamente a los EE. UU. a los dieciocho, y cuatro años más tarde volvió a Costa Rica. Permaneció allí durante quince años, y hace apenas dos que está de vuelta en los EE. UU. "Hasta la fecha, solo tengo pasaporte de los EE. UU. Como persona que tiene dos culturas me siento privilegiada de poder contarles a muchas personas sobre Centroamérica, asumiendo el papel de embajadora de esa parte de mi mundo. Mis habilidades de comunicación me han abierto muchas puertas en términos de trabajo, ese ha sido el lado positivo. El otro lado de la moneda es que la gente no puede entender cómo una persona puede tener 'un pie' en cada continente; razón por la que decidí no tener dos ciudadanías. Mi corazón siempre ha sido rojo, blanco y azul, a pesar de mi piel oscura".

Valentina continúa tratando de armonizar las dos culturas. Divorciada desde que sus hijos tenían cuatro años de edad, los crió ella sola; ahora los gemelos son adolescentes. "He conseguido criar a mis hijos bilingües, y estoy en el proceso de ayudarles a ser biculturales. Los peores momentos fueron nuestro primer año aquí, sin entender el sistema de los EE. UU., sintiéndonos perdidos, literalmente fuera de lugar. Eso te desgasta el espíritu. Era molesto e incómodo que nos confundieran continuamente con inmigrantes ilegales, pero yo lo atribuía a la ignorancia de la gente".

A Valentina le gusta centrarse en los momentos buenos. "Escuchar a mis hijos hablar en inglés con tanta fluidez y llevar conversaciones intensas en ese idioma hasta con gente extraña, me enorgullece y me hace recordar que mi corazón pertenece a este país. Un día, una señora le preguntó a mi hijo en qué estado vivía. Para su sorpresa, él le respondió en perfecto inglés ¡que nosotros éramos de Costa Rica!"

Claudya: El orgullo cultural empieza en casa

Claudya nació en EE. UU. de padres mexicanos. Su mamá proviene de Mexicali, que está muy cerca del borde con los EE. UU., y se vino siguiendo al padre de Claudya, el cual se encontraba trabajando en el norte de California. En aquel tiempo había muchos latinos en el área, pero aun así la mamá de Claudya se sentía aislada. Extrañaba a su familia y no había muchos canales de radio o televisión en español, populares en su cultura.

Claudya se crió bilingüe y bicultural. Su mamá vivía aferrada a sus raíces mexicanas. En la casa se hablaba español y el inglés se aprendía en la escuela. "Yo amo ser bilingüe y bicultural", dice Claudya. "Sé que ha contribuido a crear lo mejor de mi persona y me ha dado una perspectiva que no hubiera tenido si no hubiese crecido de esta manera".

Claudya cree firmemente que una cultura no es estática y que cada generación aporta su contribución pero hay ciertas cosas que pueden crear conflictos. "Yo me crié con una mamá soltera que usualmente tenía la última palabra, pero sí hubo muchas discusiones porque yo quería imponer algunas costumbres americanas. No estoy segura si hubo un balance perfecto, pero sí hubo un intercambio grande entre dar y recibir".

Claudya está criando dos hijas con culturas múltiples, y hace todo lo posible por motivarlas y alentarlas a ser bilingües. "En estos momentos es un gran reto tratar de que hablen español con fluidez. Su padre no es latino y no habla español, así que yo soy la única en casa que les habla en español", dice Claudya. Para ayudarla con su empeño, inscribió a las niñas en una escuela pública que sigue el método de inmersión dual. "El idioma es importante pero quiero que formen su propia identidad. Yo estoy compartiendo mi cultura, pero ellas no solo son latinas, son mixtas y quiero que aprecien todo lo que son".

En cuanto a disciplina, Claudya no es tan estricta como lo fue su madre. "No soy mexicana como mi madre, soy mexicana-americana, o americana-mexicana. Soy producto de los Estados Unidos", comenta. Claudya se considera más tolerante que su madre. "Nuestra manera de crianza es diferente en muchos aspectos. Yo pienso mucho en las decisiones que tomo, mucho más de lo que lo hizo mi madre. Creo que ella se basaba en intuición y tradición. En mi caso es intuición y razonamiento", explica. "Mi madre me veía como un reflejo directo de ella misma y quería moldearme para que fuera la clase de persona que ella creía era la mejor. Yo no veo a mis hijas de esa manera. No creo que sea mi trabajo convertirlas en algo que no son. Creo que mi trabajo es ayudarlas a alcanzar su propio potencial".

Las hijas de Claudya todavía son pequeñas. Una está en la escuela primaria y la otra en el pre-escolar. Ella les está inculcando el amor por la educación y alentando sus destrezas porque cree firmemente que todos somos inteligentes y que es importante enfocar esa inteligencia. "Es divertido porque soy una defensora de la educación y siempre pensé que académicamente sería una madre exigente, pero no lo soy. Para mí, es importante que aprendan pero también que disfruten la jornada, quiero que exploren áreas que les interesen y que escojan aquellas que les traen felicidad", afirma Claudya.

Claudya esta orgullosa de su raíces. Las celebra y las proclama. "Estoy convencida que todo lo que tengo que hacer para inculcar mi cultura es mostrarles a mis hijas que me siento orgullosa de ella. Es lo que hizo mi madre y hasta el día de hoy nunca he sentido vergüenza de mi herencia, ni siquiera cuando otros actuaban como si ser 'mexicana' fuera algo malo. Yo sabía que esa percepción era cosa de ellos y no mía. Quiero lo mismo para mis niñas", concluye Claudya.

Historia de éxito: Tony Plana

Tony Plana es un reconocido actor de cine y televisión, cuyos créditos incluyen la participación en el drama de televisión *The Fosters*, del canal ABC Family, además de encarnar durante cuatro temporadas a "Ignacio Suárez", el padre viudo de América Ferrera en *Betty, la Fea*, la serie televisiva transmitida por la cadena estadounidense ABC, que revolucionó la televisión americana. Plana recibió numerosos reconocimientos a nivel nacional e internacional por esta interpretación. *Betty, la Fea* fue la primera serie en español adaptada al inglés y transmitida a través de una cadena americana. El programa tuvo un tremendo éxito de audiencia y es el programa con temática latina que mejores críticas ha obtenido en la historia de la televisión.

Tony se licenció con honores en la Universidad Loyola Marmount de Los Ángeles, con especialidad en literatura y teatro. Recibió su entrenamiento profesional en la Academia Real de Arte Dramático de Londres, Inglaterra.

Pero antes de que Tony fuese un actor famoso, fue un niño inmigrante. Tenía ocho años de edad cuando junto a su madre y hermano menor, Víctor, abordaron un avión desde Cuba, rumbo a Miami, dejando a su padre atrás. "Llegué de la escuela a mi casa y mi madre me dijo: 'Vamos a almorzar a Miami'. Era el año 1960 y la situación en Cuba empeoraba", recuerda Tony. "Mi padre estaba preocupado por nuestra seguridad. Mi familia fue una de las privilegiadas que pudo salir del país sin restricciones. En ese momento, tanto mi hermano como yo pensábamos que nos íbamos de vacaciones". La mamá de Tony había empacado dos maletas, algún dinero, cigarros, ron y todas sus prendas. "¡Cómo me iba a imaginar que nuestro almuerzo iba a durar cincuenta años!"

El padre de Tony, José Vicente, tenía un alto puesto en un banco en La Habana. Era reconocido como un hombre respetable, con conciencia social. Siempre estaba involucrado en algún programa católico dirigido a jóvenes y en proyectos que servían a los pobres. Nunca se le conoció como a alguien crítico del gobierno, por lo que no representaba ninguna amenaza para el dictador en el poder, Fulgencio Batista, o para el régimen de Fidel Castro, que en esos momento estaba ganando terreno en su país. Pasaron tres meses antes de que don José obtuviese el permiso de salida de Cuba para poder reunirse con su familia. Dejó su país con un cambio de ropa y la esperanza de que la revolución no duraría mucho tiempo y él y su familia podrían regresar.

De acuerdo a Tony, las esperanzas de regresar a su país se fueron empañando a raíz del suceso de la Bahía de Cochinos, la fallida invasión a la parte sur de Cuba por parte de exiliados cubanos entrenados por la CIA y apoyados por los EE. UU. Quedarse en Miami significó compartir una casa de dos habitaciones y un baño entre trece personas y alimentarse mayormente de comida recogida en centros para refugiados, que consistía en leche en polvo, huevos y jamonilla Spam. "Hasta el día de hoy, no puedo ver una lata de Spam sin pensar en esos días", dice Tony.

En 1962 Tony y su familia se trasladaron al Sur de California, y se establecieron en el área de Culver City, en Los Ángeles. "Culver City y Palms se convirtieron en el lugar de encuentro cultural para los exiliados cubanos. La barbería de la esquina en Main Street era el lugar para pasar el rato y hablar de política. Su dueño era uno de mis tíos, Gerardo". Su otro tío, José, abrió el primer mercado cubano del área, El Camagüey. "La tienda está todavía abierta, igual que el Restaurante Versalles, el primero en ofrecer auténtica comida cubana en Los Ángeles", relata Tony. "Todos los chicos cubanos estábamos en la misma escuela primaria y en la misma escuela secundaria. Ese área se convirtió en nuestra casa fuera de nuestro hogar".

Sin embargo, Tony aún recuerda a su maestra de segundo grado en Cuba. Ella fue la primera persona que estimuló en él su presencia escénica. "Mi maestra me escogió para que recitara poemas de José Martí durante una presentación musical. Esa fue la primera vez que hice una interpretación frente a un público. Esa experiencia se quedó siempre conmigo", cuenta el actor.

Estando en octavo grado su maestra americana le pidió que hiciese pequeñas intepretaciones cómicas frente a la clase, y durante su segundo año de escuela secundaria, leyó documentos históricos frente a sus compañeros de clase y participó en concursos de debate y en interpretaciones dramáticas. En la Universidad, comprendió que tenía talento para el arte, y que había encontrado su verdadera vocación. "Honestamente, me llevó un tiempo aceptarlo. Primero que todo, había nacido en Cuba. En aquella época no se veía a muchos cubanos en programas de televisión o cine, pero mis maestras vieron mi potencial y me animaron a desarrollarlo. El resto es historia".

El primer papel teatral exitoso que Tony desempeñó fue el del asesino del Presidente Kennedy, Sirhan Sirhan. En su primera aparición televisiva, para el programa *What's Happening*, Tony fue seleccionado para desempeñar el papel de un árabe en uno de sus episodios. Pero fue la película *Zoot Zoot* la que lanzó su carrera cinematográfica. Luego participó en más de setenta películas, incluyendo la afamada *An Officer and a Gentleman*, y en más de nueve series televisivas entre las que destaca el galardonado programa *Ugly Betty*, o *Betty, la Fea*. Tony atribuye el éxito obtenido durante su carrera no solamente a su educación y entrenamiento, sino también a su flexibilidad y poder de adaptación. "He estado abierto a representar toda clase de personajes y grupos étnicos", afirma el actor. "He desempeñado roles dramáticos, comedia y sátira. Eso ha contribuido a que mi carrera sea versátil y me ha brindado la oportunidad de poner de manifiesto mi flexibilidad y los talentos que Dios me ha dado".

Tony conoció a su esposa Ada, mexicana de nacimiento, durante una clase de actuación. Llevan veinticuatro años casados y son padres de dos hijos, Alejandro e Isabel. Para Tony lo principal es su familia. "Son el centro de mi vida, la fuente de mi fuerza, estabilidad e inspiración. Soy mejor actor gracias a mi familia", confiesa Tony. Revela además sentirse muy orgulloso de ser completamente bilingüe, habla con fluidez el español y el inglés, y es bicultural.

Tony y Ada han criado a sus hijos con tres culturas muy arraigadas: americana, cubana y mexicana. Han expuesto a sus hijos a toda la comida preferida de sus abuelos cubanos y mexicanos, y los chicos tienen una relación muy estrecha con sus abuelos paternos y maternos. "Mis hijos llevan consigo un sentimiento real de ser gente con cultura. Están conscientes de su herencia, de dónde vienen, quiénes son y quiénes son sus antepasados". En casa de la familia Plana las festividades son una fusión culinaria: tamales, jamón y cerdo para las Navidades, y añaden el pavo para la celebración de Acción de Gracias.

"Navidad, bodas, bautismos, cumpleaños, todas las ocasiones son para celebrarse entre familia, familia extendida y amigos", asegura Tony. Sus hijos están versados en la literatura latina, y es tan importante esta literatura para el matrimonio Plana que su hija lleva el nombre de Isabel por la reconocida autora chilena, Isabel Allende. "Mi familia es un verdadero crisol cultural, matrimonios mezclados, multiculturales, en los que se hablan múltiples idiomas. A menudo bromeo que nosotros los latinos somos EOP, (Equal Opportunity Lovers o Amantes con Igualdad). Nuestra familia se enriquece por su diversidad de culturas.

Pasaron cuarenta y seis años antes de que Tony visitase su país natal, junto a su hermano. Su tía estaba muy enferma y necesitaba medicamentos, y los hermanos los trajeron de los EE. UU. "Fue maravilloso visitar los lugares donde crecí, pero también fue doloroso", expresa el actor. "Existe tanto sufrimiento allá. Fue una experiencia agridulce", rememora Tony.

El regreso a su patria le hizo ponderar a Tony de qué manera sus antepasados cubanos habían influenciado la persona que él es en la actualidad. "Desde el héroe y poeta nacional, José Martí, al activista y pacifista político Amalio Fiallo, a mi padre y mis tíos, todos me enseñaron a ser lo mejor que pudiese ser, y a ser responsable del mundo a mi alrededor. Para mí esto significa que esté dónde esté, aquí, allá, todos debemos desempeñar un papel de liderazgo en nuestra sociedad, en especial en una sociedad que nos recogió cuando no teníamos ningún lugar adónde ir", afirma el actor.

Consejos para padres inmigrantes

1. Enséñeles español a sus hijos.
2. Al mismo tiempo, enséñeles inglés. Esto es especialmente importante hacerlo antes de que asistan a la escuela. Si usted no habla inglés con fluidez pida ayuda a personas de la Iglesia, bibliotecas o escuelas locales.
3. Celebren los días festivos de ambas culturas, latinos y estadounidenses.
4. Siéntese con sus hijos y desarrollen un plan de acción que ayude a la familia a encontrar un balance entre ambas culturas. Considere la comida, la ropa y la música, los días de fiestas y las vacaciones.

Mi diario de crianza

¡El éxito de educar hijos biculturales empieza con usted! Usted comenzó el proceso de asimilación desde el momento en que emigró de su país. Su ejemplo es el que sus hijos van a seguir cuando estén tratando de formar parte de este país y ser aceptados. Es buena idea reflexionar y meditar una vez usted lea estas historias y ver de qué forma se comparan con la suya. Escriba y anote sus sentimientos y preocupaciones.

Aquí les recomiendo unas preguntas para ayudarles a comenzar :

1. ¿Cómo me he adaptado yo a este país?
2. ¿Tengo un balance entre lo que soy y el lugar donde vivo?
3. ¿Estoy haciendo un esfuerzo para aprender el idioma?
4. ¿Estoy enseñándoles a mis hijos a valorar su cultura nativa y la cultura americana?
5. ¿Siento que pertenezco más a este país?
6. ¿Les estoy enseñando a mis hijos que ellos pertenecen a este país?
7. ¿Les estoy enseñando a mis hijos a emular a otros latinos que, con su influencia, están haciendo impacto en los EE. UU.?

SER PADRES EN EE.UU.

Capítulo 4: Desarrollar una cultura de la educación en el hogar

"Es difícil para mis padres visitar mi escuela y conversar con mis maestros porque su inglés no es muy bueno. Ellos nunca terminaron sus estudios de escuela secundaria, pero quieren que mis hermanos y yo tengamos una buena educación. Es la razón principal por la que vinimos a EE.UU."

— *Miguel, 14 años*

Mi padre siempre nos decía que, cuando muriera, el más importante legado que deseaba dejar a sus hijos era una buena educación. Pienso que la mayoría de los padres desean lo mismo para sus hijos, sea cual sea su cultura. Para los inmigrantes latinos, proveer a sus hijos oportunidades educativas que no están disponibles en su tierra nativa es una de las razones principales para emigrar a EE.UU.

Una persona educada es una persona informada y confiada. Puede conversar sobre cualquier tema y no sentirse intimidada por la persona con quien esté hablando. Siente respeto por sí misma y además pueden surgirle más opciones profesionales que a otra persona cuya educación sea limitada.

"La educación es poder", asegura Pedro, quien solamente completó hasta el tercer grado. "Si hubiese tenido mejor educación, hubiera encontrado algo mejor que trabajar en una fábrica", se lamenta el hombre, aunque rápidamente aclara que el trabajo en una fábrica no es malo, pero que desea más para sus hijos. "Quiero que terminen la escuela secundaria y vayan a la universidad. Los niños en EE.UU. lo hacen así".

Un gran porcentaje de inmigrantes latinos solo pudieron asistir a la escuela primaria y muchos no terminaron la escuela secundaria. Quizás ir a la escuela no fuera una prioridad en nuestro país de origen porque tuvimos que empezar a trabajar a muy temprana edad para ayudar

51

a nuestras familias y la educación no era primordial para sobrevivir. Pero ahora estamos en EE.UU. y queremos más para nuestros hijos. Tenemos el deseo y la determinación de que nuestros hijos saquen buenas notas en la escuela y continúen estudios superiores. A pesar de nuestras esperanzas, muchos padres latinos se sienten intimidados por el proceso educativo en este país. En ocasiones resulta complejo y confuso, y por supuesto, hay que recordar que está completamente basado en un idioma extraño para nosotros.

Independientemente de su nivel de educación o su conocimiento del idioma inglés, usted puede ayudar a sus hijos a permanecer en la escuela e incluso asistir a la universidad, fomentando una cultura de la educación en el hogar. Sus hijos han de entender que la educación es una prioridad en la familia. Su aportación es crucial: tanto si sus niños están comenzando nivel preescolar como si están en escuela secundaria, de usted depende que continúen sus estudios.

Aprender el nuevo idioma

Muchos inmigrantes cuando se mudan a este país no hablan inglés. La mayoría nunca finalizó la escuela primaria en su país, por lo que aprender un nuevo idioma es particularmente difícil para ellos. Para otros encontrar el tiempo para tomar clases de inglés es el mayor escollo. Usualmente el inmigrante tiene dos trabajos mientras encuentra uno en el que el sueldo sea mejor. Hay que recordar que tiene que ganar suficiente dinero para enviarle a su familia de forma que sus parientes puedan unírsele acá en EE.UU. Aprender un nuevo idioma es una tarea muy grande cuando tienes un horario muy ocupado.

Los que posponen el aprendizaje del nuevo idioma quizás se sentirán más cómodos en comunidades en donde solamente se habla español. Por eso escogen estar cerca de la familia y de algunos amigos. Tal vez encuentren una Iglesia en la que los servicios religiosos se lleven a cabo en español y programas en la televisión en nuestro idioma... porque mientras vivamos en un mundo en el que sólo se habla en español, podemos justificar nuestra falta de interés en aprender inglés.

Sin embargo exigimos que nuestros hijos aprendan el inglés, al mismo tiempo que van perfeccionando la gramática de su propio idioma, el español. Les decimos constantemente que la educación es uno de los mejores regalos que esta nación tiene para ofrecerles, algo que es completamente cierto, pero no aprovechamos esa oportunidad nosotros mismos. En lugar de sacar el tiempo y asistir a clases de inglés dependemos de nuestros hijos que ya dominan el idioma, para que sean nuestros ojos, oídos y nuestra boca. ¿Es justo esto para nuestros hijos? ¿Nos hemos puesto a pensar de qué manera les afecta el que hayamos escogido no aprender el inglés? ¿No les estamos enviando mensajes contradictorios?

Las ventajas de ser bilingüe

Hablar dos idiomas tiene sus ventajas. Una de ellas está relacionada con la adquisición misma del lenguaje. Es mucho más fácil aprender un segundo idioma cuando se es pequeño. Hay muchos otros beneficios que se extienden más allá de aprender el idioma como tal. Según la Asociación de Niños Multilingües (multilingualchildren.org), entre las ventajas de larga duración que tiene saber más de un idioma se encuentran las siguientes:

- Se ha comprobado que ser multilingüe ayuda a su hijo a desarrollar habilidades superiores en escritura y lectura.
- Los niños multilingües poseen habilidades analíticas, sociales y académicas que están muy por encima de las de sus compañeros que solo hablan un idioma.
- Saber más de un idioma ayudará a sus hijos a sentirse más cómodos en diferentes ambientes. Les hace más flexibles, permitiéndoles amoldarse y adaptarse, lo que aumenta su confianza en sí mismos y su autoestima.
- Las oportunidades profesionales se multiplican infinidad de veces para las personas que saben más de un idioma.

Probablemente la ventaja principal de enseñarles a sus hijos su lengua nativa es que reduce significativamente sus niveles de estrés y les facilita el éxito académico y cultural. David Aguayo, estudiante doctoral en el Departmento de Psicología Educacional, Escolar y de Consejería de la Universidad de Missouri, llevó a cabo un estudio en el que participaron 408 estudiantes inmigrantes mexicano-americanos. Sus hallazgos confirmaron que los estudiantes que hablaban regularmente en su idioma nativo tenían mejores calificaciones en la escuela que aquellos estudiantes que estaban en programas escolares con el inglés como único idioma. "Es una relación simple: vivir y aprender enraizados en su propia cultura es beneficioso", señala Aguayo. "Puede ser hablar su idioma nativo en la escuela, comer ciertas comidas o socializar con personas que compartan su misma cultura. El nivel de tensión y estrés que estos chicos experimentan al entrar a una nueva cultura puede reducirse si tienen un sistema de apoyo en la escuela mientras ocurre la adaptación".

Vamos a echar una mirada a los beneficios específicos que algunas de las familias inmigrantes experimentaron una vez lograron romper la barrera del idioma. Sus historias revelan cómo insistieron en desarrollar un nuevo talento, y de qué forma usaron esta nueva experiencia como herramienta para inculcarles a sus hijos el amor a la educación.

Cristina: Sola en su anhelo de aprender el inglés pero no sola en el mundo

Cristina es la mayor de cinco hermanos mexicano-americanos. Sus padres, José de Jesús y Juana, crecieron en un rancho en donde el dinero escaseaba. Ambos venían de familias numerosas en las que se esperaba que los niños mayores cuidaran de los más pequeños, ayudaran con las tareas de la casa y trabajaran en el campo con los padres. La educación se consideraba un lujo que no se podía costear.

Sin embargo, una de las mayores ilusiones de los padres de Cristina al contraer matrimonio era hablar del futuro que querían para sus hijos. "La educación es uno de los asuntos que más apasiona a mis padres.

Desde pequeña he sido consciente de ello", rememora Cristina. "En México mi madre pudo terminar solamente tres años de escuela, y mi padre solo uno. Como resultado, mi madre valoraba apasionadamente la educación. Sabía que era el camino para salir de la pobreza".

La madre de Cristina, Juana, nunca aprendió inglés. Cuando llegó a este país, tomó clases de inglés, pero salió embarazada de Cristina, y la tarea de criar cinco hijos, le impidió retomar sus clases. "Mi mamá pudo haber tenido una vida mejor si hubiese aprendido a hablar inglés", asegura Cristina. "Pero después de un tiempo entró en lo que yo le llamo su 'zona cómoda'. Encontró un trabajo en el que no necesitaba hablar el idioma, y ahí se acabaron sus esfuerzos de aprenderlo". Su madre no podía ayudarles en las tareas escolares, pero sí estaba presente para apoyar a Cristina y a sus hermanos en todo. "Mi madre nos llevaba a la escuela, le sonreía a la maestra, y continuaba su camino. Ella confiaba en nuestras maestras y nos dejaba en sus manos. Tenía fe en que triunfaríamos porque en nuestro hogar nos recordaba frecuentemente la importancia de la educación".

Había ocasiones en las que Cristina deseaba que su madre pudiera ayudarla, como cuando tenía que estudiar para exámenes importantes o llenar solicitudes para ingresar a la universidad. "Me frustraba que no pudiera ayudarme... pero por otro lado, mientras yo estaba estudiando me traía comida y se sentaba a mi lado a rezar el rosario. ¿Cómo iba yo a traer a casa una nota mas baja que 'A' cuando mi mamá rezaba por mí? ¿Cómo iba a poder mirarle a los ojos si fracasaba en un examen, cuando ella me ayudaba a cortar por la mitad las tarjetas de vocabulario para que yo pudiese estudiar? Le debemos nuestros talentos e intelecto a nuestros padres y la única forma de corresponderles era con buenas notas".

"Por su parte, mi padre estaba enfocado en ser el sostén de la familia. Y aunque había aprendido suficiente inglés como para poder comunicarse, no podía ayudarnos en las tareas de la escuela ya que estaba la mayor parte del tiempo en el trabajo. Aun así, era tan apasionado de la educación como mi madre, y nadie dudaba que tanto mis hermanos como yo terminaríamos la escuela secundaria e iríamos a la Universidad. Mi padre nos enseñó que debíamos rodearnos de gente exitosa para poder progresar en nuestras vidas y ser agradecidos".

¿Cómo ha resultado todo, hasta el momento, para la familia De Jesús? Juana y José han criado cinco hijos. Todos se han graduado de la universidad —Loyola Marymount, University of Southern California, Occidental College y Brown University— y tres de ellos tienen estudios de postgrado de Stanford, UC Berkeley y Loyola Marymount University. Cristina obtuvo su grado de Maestría en Administración Escolar y está transmitiendo su pasión por la educación a sus hijas. Ella está involucrada en su educación a varios niveles y también se ha comprometido a trabajar y a ayudar a jóvenes que comparten su idioma y cultura.

Verónica: Inspirada por la incapacidad de su madre de hablar inglés

Verónica tenía ocho años cuando llegó a EE.UU. Como Cristina, sus padres eran de México y tenían muy poca educación. "Siempre me enseñaron la importancia de una educación", comenta Verónica. "Se usaban de ejemplo como muestra de las oportunidades que te hace perder una vida sin educación. Por eso me empujaban a que llegara lejos en mis aspiraciones. A pesar de que pienso que mis abuelos en México valoraban la educación, allá no era tan asequible y fundamental como lo es aquí en EE.UU. Mi madre todavía lucha por adaptarse a este país, al idioma y sus costumbres, pero respalda y apoya que yo obtenga una educación."

La madre de Verónica, Patricia, no ha aprendido a hablar bien el inglés. "Le frustraba no poder comunicarse con los maestros de mis hermanos. Me encontré asumiendo la función de guardián de mis hermanos. Y eso era un problema, ya que estaba muy ocupada con la escuela y con mi trabajo y hubo momentos en los que no podía ayudarles".

Aun así Veronica piensa que su mamá estaba en la peor posición de cualquiera de los miembros de la familia. Humberto, el padre de

Verónica, vivió en los EE. UU. durante la adolescencia, por lo que aprendió a hablar inglés. Regresó a su México natal, pero cuando volvió a los EE. UU. ya sabía el idioma. "Para mi madre la mudanza a este país fue una nueva experiencia. Ella era muy apegada a su familia y se vio obligada a dejar atrás todo su mundo. Pienso que eso la afectó psicológicamente". Su madre sí trató de aprender el idioma, e incluso asistió a la escuela varios años, pero no tuvo el apoyo emocional de su familia y se dio por vencida. Verónica piensa que se sentía aislada y poco apreciada.

Los americanos que solamente hablan inglés inmediatamente asumen que el inmigrante que no habla el idioma no está educado. Ese no era el caso de Patricia. Ella había estudiado y obtenido en México un título de secretaria. Tenía más estudios que Humberto, a quien la mudanza de regreso para México le impidió terminar la escuela secundaria, situación que siempre lamentó. Verónica comenta, "Mi padre comprende ahora que uno necesita una buena educación para obtener un buen trabajo que te permita ganar más dinero. Durante muchos años tuvo dos empleos para poder mantener el hogar. Definitivamente no quiere eso para sus hijos".

Para Verónica, obtener una buena educación es la clave del éxito. "La sociedad americana me hace sentir que yo personalmente tengo que probar que los latinos inmigrantes estamos capacitados. Enfrenté muchos obstáculos para obtener mi título universitario. Eso debería valer mucho más que un título recibido por alguien nacido en este país". Verónica se graduó de la universidad con una Licenciatura en Ciencias Políticas.

Marcy: Dominar EE.UU. sin dominar el idioma

Marcy tenía diez años cuando llegó a EE. UU. proveniente de El Salvador. Su madre, Concepción, y su padrastro, Jerónimo, habían emigrado a EE.UU. unos años antes. Su madre solamente había cursado hasta el segundo grado, por lo que fomentaba que Marcy y sus hermanas permanecieran en la escuela y aprendieran el inglés. Marcy estuvo internada hasta cuarto grado en una escuela en El Salvador, y luego ella y sus hermanas se reunieron con sus padres en EE.UU.

Comenzó el sexto grado en una escuela en Los Ángeles que no le gustaba para nada. "Creo que estaba traumatizada", recuerda Marcy, añadiendo que estaba en un país extraño, escuchando a personas hablar un idioma que no era el suyo y que no comprendía. "Fue muy difícil. Estaba triste, frustrada y dolida. ¡Mi madre nunca me dijo nada del nuevo idioma!", se lamenta Marcy.

Los padres de Marcy siempre hablaron español en la casa, nunca hablaron inglés. Hasta el día de hoy, la madre de Marcy se las ingenia para encontrar todos los ingredientes y productos latinos para cocinar. Marcy no hablaba inglés cuando llegó a este país, pero lo aprendió al entrar en la escuela primaria. Sus padres nunca fueron a la escuela a aprender formalmente el inglés, pero sí aprendieron lo suficiente y se las arreglaban para comprender y hacerse entender.

Marcy tuvo problemas de adaptación a su escuela. Encontraba el inglés muy difícil de aprender y hacer amistades le costaba trabajo por lo que en el grado onceavo la abandonó. Durante un año trabajó junto a su madre en su negocio de costura, hasta que regresó a la escuela para conseguir su diploma de escuela secundaria. Sus padres le informaron que si deseaba proseguir sus estudios tenía que hacerlo por su cuenta. Trabajó en diversos empleos, lo cual le hizo darse cuenta de que quería hacer algo distinto con su vida. Siempre le había interesado el área de la belleza, por lo que se matriculó en una escuela de cosmetología y obtuvo el título de cosmetóloga. Actualmente, Marcy es dueña de una barbería muy popular y exitosa. Su hijo trabaja en el campo de la construcción y su hija, que acaba de graduarse de la escuela secundaria, planea asistir a una escuela de comercio.

Involúcrese en la escuela de sus hijos

Los expertos están de acuerdo en que los resultados escolares de los niños son mucho mejores cuando los padres se involucran en su escuela. De acuerdo al Center for Public Education (Centro para la Educación Pública), la participación de los padres en el salón de clases tiene un impacto significativo en la educación. Los estudios han demostrado que la participación de los padres puede tener como resultado mejores calificaciones en los exámenes, notas de curso más altas, y excelentes comentarios de los maestros, entre otras cosas.

Aun cuando usted no hable inglés, es importante que haga lo imposible por participar en la escuela de sus hijos. María Casillas, Presidenta Emérita de la organización Families in Schools, dice que "Sin la voz de los padres, las escuelas no pueden mejorar todo lo necesario para el bienestar de sus hijos. Los padres pueden pedir un entrenamiento especial para aprender su rol y llevar a cabo sus responsabilidades eficazmente por el bien de sus hijos".

Hay clases de educación que les enseñan a los padres a entender lo que están estudiando sus hijos. Los padres que no hablan inglés pueden solicitar traductores durante su reunión con la maestra. Casillas sugiere que los padres establezcan en el hogar unos parámetros altos y les comuniquen claramente a sus hijos que el aprendizaje y la educación son importantes. "Los padres deben estimular la lectura en sus hijos todo el tiempo, y asegurarse de que lean. Tener libros y periódicos disponibles en el hogar es esencial. Además, mantener una conversación con sus hijos sobre alguna historia que hayan leído juntos es una excelente manera de motivar e inspirar a sus chicos a amar la lectura".

Modelos a seguir

Una manera importante de desarrollar una cultura de la educación es ofreciendo modelos a seguir. Nuestros niños están creciendo en un mundo lleno de latinos exitosos a los que pueden imitar y admirar. Desde el hombre ancla de las noticias en la televisión, Jorge Ramos, a personalidades televisivas como Gina Rodriguez, y ejecutivas corporativas como Patricia Salas Pineda, hasta su vecina, que puede ser una respetable maestra de escuela secundaria. Como padres debemos estimular a nuestros hijos a que sigan el ejemplo que proveen estos modelos a seguir y a que sueñen ¡a lo grande!

¿Dónde van a encontrar los chicos estos modelos a seguir? Para Cristina, fue su maestra de octavo grado la que "reconoció mi potencial y me enseñó a creer en mí misma". En el caso de Verónica fue su consejero de escuela secundaria. "Además de mis padres, él me ayudó en la transición a la universidad y me dio dirección académica, social y hasta financiera. Cuando supo que no calificaba para ayuda financiera estatal ni federal, estableció un fondo que me ayudó en mi comienzo".

Ofrecer ejemplos de personas que usted conoce —amigos, familiares y colegas— que están cosechando la recompensa y los triunfos de una buena educación, puede ser vital. Esto incentiva a los chicos a escoger el camino que los va a llevar hacia sus metas.

Mi historia: Mi educación es mi herencia

Mi padre tenía quince años cuando su abuelo murió en sus brazos. No había un doctor cerca que pudiera ayudar a papi a salvar a la persona a la que él más amaba. Es en ese momento mi padre decidió que algún día sería doctor. Su familia no tenía el dinero ni los medios necesarios para que papi, que era muy inteligente, fuera a la escuela de medicina, pero ya su decisión estaba tomada.

En aquel tiempo en Puerto Rico a los estudiantes que sobresalían en la escuela secundaria, pero que eran de familias de escasos recursos, se les ubicaba en clases que les permitían obtener un diploma en comercio. Mi padre iba por este camino. Durante esa época se desató la segunda guerra mundial, y muchos jóvenes de familias pobres se alistaron en el ejército seducidos por las promesas de un futuro profesional en la milicia y seguridad económica para sus familias. Este fue el caso del tío preferido de papi. Con orgullo fue a representar a su país en la guerra, y encontró la muerte, siendo el primer soldado puertorriqueño en morir en combate en la segunda guerra mundial. Al momento de su muerte mi padre recibió un dinero proveniente de un seguro de vida del ejército, y del cual gracias a su tío Julio, era el beneficiario. Fue con ese dinero con el que papi fue a la Escuela de Medicina. Durante su tercer año de escuela secundaria mi padre añadió a su currículo clases de biología, por lo que al graduarse terminó con dos diplomas: uno en Comercio y otro en Biología. Sus buenas notas le hicieron merecedor de una beca para que asistiese a la universidad.

Mi madre terminó sus estudios de escuela secundaria pero no asistió a la universidad. Su sueño era estudiar en la Universidad de Puerto Rico, en San Juan, pero mi abuelo pensaba que los hijos no debían irse lejos de su hogar para estudiar. Quería que mami estudiase en una universidad en la ciudad de Ponce, donde vivían, y mi madre, testaruda igual que él, decidió entonces estudiar en una escuela vocacional que la capacitó para trabajar como secretaria. Trabajó por corto tiempo como secretaria hasta que se casó con papi y los bebés comenzaron a llegar, por lo que decidió dedicarse a cuidarlos a tiempo completo. Por cierto, esta era la práctica común y esperada en Puerto Rico entre las parejas con hijos en aquel momento.

Aun cuando mami no fue a la universidad, nunca dejó de aprender. Cuando terminó la escuela no sabía mucho inglés, pero lo fue aprendiendo mientras ayudaba a papi a estudiar para sus exámenes de medicina, que eran todos en inglés. Ella escribía a máquina sus respuestas y después le hacía las preguntas para ayudarlo a prepararse para los exámenes. Al mismo tiempo expandía su vocabulario. Ya cuando yo estuve en edad de comenzar la escuela, el inglés de mi mamá era ¡perfecto!

Cuando le dije a papi a cuál universidad quería asistir asumí que, al igual que mi abuelo, no me iba a dejar ir muy lejos del hogar. Nunca me habían dejado quedarme en casas de amigas que viviesen en otra ciudad, ni tan siquiera en casa de una querida tía, quien era como mi segunda madre, y que vivía a poco más de una hora de nuestra casa. Cuando le dije a mi padre el nombre de la universidad a la que quería asistir, tragó fuerte, y me dijo: "Bueno mija, si ahí es dónde quieres ir, para allá vas". Lo abracé y los dos lloramos... ¡y hacia Europa me fui los primeros dos años universitarios!

Ir a la universidad al otro lado del mundo no fue fácil para una joven de diecisiete años que solo había estado lejos de su casa acompañada de sus padres. Acostumbrarme a mi nueva vida lejos de todo lo que me era familiar me llevó mucho tiempo. Solamente éramos dos puertorriqueñas en la universidad, unos pocos americanos y el resto de los estudiantes provenían de diferentes partes de Europa. El idioma en común era el inglés, así nos comunicábamos, pero la mayoría de los estudiantes hablaba tres y cuatro idiomas. ¡Eran tantas diferentes culturas coexistiendo que perdí la cuenta! Aprendí de costumbres que ni tan siquiera sabía que existían. Pero lo mejor de todo fue que aprendimos tolerancia, aprendimos a aceptarnos y respetarnos cada uno tal y como éramos. La oportunidad que mi padre me otorgó no tiene precio, y todavía el día de hoy le estoy inmensamente agradecida. Continué mi educación en Puerto Rico hasta culminar mi grado de Bachiller, y fue en California en donde hice mis estudios de Maestría. Jamás podré pagarles a mis padres lo que hicieron por mí, como no sea con el ejemplo de estimular y apoyar a mis hijos para que se tracen metas altas en su educación y profesión y las alcancen.

Mi hijo siempre ha tenido una visión clara de sus metas profesionales. Es un apasionado de su oficio y decidió tomar tiempo fuera de la universidad para trabajar en proyectos que le han brindado la experiencia que necesita para afinar y perfeccionar sus talentos y habilidades en su campo de trabajo. Ha dado indicios de que no quiere terminar su carrera universitaria, y aunque mi esposo y yo apoyamos sus sueños, queremos que finalice sus estudios y obtenga su licenciatura. ¡Sabemos que lo hará! Mi hija está cursando su último año de universidad y recibirá su grado en Comunicaciones con una concentración en Publicidad.

Mis tres hermanos y yo terminamos cuatro años de universidad y mi hermana y yo tenemos también una Maestría. Todas las hijas de mi hermana terminaron sus estudios y una es doctora en medicina, la otra es contable pública y la otra es abogada. Las dos hijas de mi hermano también se graduaron y trabajan en el campo de ventas al por mayor. Mi hermano mayor es abogado y mi hermano menor es empresario. Me siento feliz y satisfecha de decir que todos los hijos de mi padre cumplimos su sueño. Ahora nosotros tenemos ese mismo sueño para nuestros hijos: una buena y sólida educación.

Ana Barbosa: Inculcar el amor por aprender

Ana Barbosa, quien fue ejecutiva de Southern California Edison, llegó por primera vez a los EE. UU. cuando tenía doce años de edad. Ana y su esposo Henry, con quien lleva casada treinta y nueve años, han criado cuatro hijas, todas bilingües y biculturales. "Criamos a nuestras hijas de la misma manera en que nuestros padres nos criaron a nosotros", expresa Ana. "Sobre todo, con amor incondicional".

Analisa, la hija mayor de Ana, dice, "Mientras estábamos en la escuela primaria e intermedia, solo nos permitían ver un programa de televisión a la semana. Cada una de nosotras cuatro podíamos escoger un programa a la semana de lunes a viernes. El tiempo restante lo ocupábamos leyendo o haciendo tareas escolares. Nuestra madre también estaba pendiente del tiempo que hablábamos por teléfono y lo regulaba. Mis hermanas y yo odiábamos estas reglas, pero eventualmente las entendimos y las aceptamos".

Analisa está convencida de que haber crecido en un ambiente estructurado y organizado contribuyó mucho a su éxito académico y el de sus hermanas. "Desayunábamos por la mañana, escuela durante el día, y merienda cuando regresábamos a casa de la escuela. Las actividades extracurriculares no podían faltar —usualmente fútbol, catecismo y trabajo voluntario—, luego la cena, tareas y hora de dormir. Contar con esta rutina todos los días de lunes a viernes fue crucial", sostiene Analisa.

Analisa y sus hermanas, Cristina, Maricela y Alejandra, están de acuerdo en que el mejor regalo que sus padres les dieron fue haberlas expuesto a la música, el arte, el teatro, la política y la historia, desde muy temprana edad. "¡En nuestra casa se hablaba de todos los temas! Desde el Hollywood Bowl durante el festival de verano y la presentación del Cascanueces en Navidad, hasta las elecciones locales y nacionales". Ana y Henry siempre buscaban maneras de inspirar intelectualmente a sus hijas, ya que sabían que exponerlas a nuevas ideas generaba curiosidad en ellas, lo que redundaba en éxitos académicos para las cuatro niñas.

Ambos padres eran lectores voraces, algo que a las niñas les gustaba emular. Ana les ofrecía incentivos a sus hijas para leer y durante el verano, cuando la familia iba a la biblioteca, les ofrecía a las niñas un dólar por cada libro que leyeran, o veinticinco centavos por cada artículo leído del periódico. "Debíamos escribir unas oraciones sobre el artículo para comprobar que lo habíamos leído, ¡pero en esa época eso era mucho dinero y valía la pena leerlo!".

Analisa y sus hermanas son graduadas de prestigiosas universidades del este de los EE. UU. conocidas como el Ivy League, o élite universitaria. Analisa se graduó de la Universidad de Yale, Cristina de la Universidad de Columbia, Maricela es graduada de Boston College y la más joven, Alexandra, de la Universidad de Princeton. "Estamos en deuda con nuestros padres", afirma Analisa. "Fueron su amor, su estímulo, paciencia y buenos ejemplos los que nos ayudaron a ser quienes somos hoy. Nosotras somos la prueba de que todo es posible con una buena educación".

Consejos para padres inmigrantes

1. Estimulen a su hijo desde el momento en que nazca. Usted puede crear una cultura de la educación en su propia casa. ¿Cómo? Dé usted mismo el ejemplo. Esto puede lograrlo buscando maneras en las que puede superarse. Si no habla inglés, busque una clase que le enseñe el inglés como segundo idioma, (ESL por sus siglas en inglés). Estas clases probablemente las ofrezcan en un centro comunitario, Iglesia o en la escuela primaria de su vecindad. La mayoría de las veces estas clases se ofrecen de noche o en los fines de semana, y en muchas ocasiones, son gratis.

2. Limite el número de video juegos o juguetes que les da a sus hijos. Apague la televisión. Cómpreles libros e incúlqueles el amor por la lectura. Comience por obtener una tarjeta de lector de la biblioteca pública. Es gratis y aun cuando usted no pueda leer los libros, puede mirarlos. Puede hojearlos con su hijo y aprender de las fotos y dibujos. La mayoría de las

bibliotecas tienen sesiones de lectura en las que alguien les lee a los chicos en voz alta. Aun cuando las lecturas sean en inglés y los niños no entiendan el idioma, esto puede fomentar su amor por el aprendizaje. Además les ayuda a acostumbrar su oído a los sonidos fonéticos de otro idioma que no es el de ellos. Escoja libros para leerlos usted en su hogar. Las probabilidades de que sus hijos lean aumentan si le ven hacerlo a usted también.

3. Asista a todas las reuniones de la Asociación de Padres y Maestros (PTA por sus siglas en inglés) y conferencias entre padres y maestros de la escuela de sus hijos. Investigue todo lo posible sobre su escuela primaria, sus maestros y sus asignaturas y, por supuesto, esté pendiente de cómo se están desempeñando en sus clases. Si en la escuela de su hijo hay otros padres que no hablan inglés, reúnanse y hablen con el director u oficiales de la escuela para que se les provean los servicios de un traductor durante las reuniones de PTA o conferencias entre padres y maestros.

4. Cuando su hijo ya esté en la escuela intermedia, busque recursos para irlo encaminando a que asista a la Universidad. Hable con sus maestros y orientadores y pídales ayuda y sugerencias de manera que pueda lograr su meta.

5. Proporcione a su hijo ejemplos de latinos bilingües y educados que han sido exitosos en sus vidas. Una forma de hacerlo es suscribirse a la revista *Latina Style*, que a menudo reseña mujeres latinas competentes y exitosas. Si no puede pagar la suscripción, pídale a su biblioteca local que la añada a la colección de revistas que reciben. La revista *People en Español* también destaca a latinos con éxito.

6. Escriba una lista de cosas adicionales que puede hacer con sus hijos para ayudarles a que les vaya bien en la escuela. Hable de la lista con ellos y pídales sugerencias, seguramente pueden añadir buenas ideas.

Mi diario de crianza

Escriba qué sintió y pensó mientras leyó este capítulo. Lo siguiente le ayudará a comenzar:

1. ¿Ha reconocido y aceptado la importancia de estar activamente involucrado en la educación de su hijo?
2. Si no habla inglés, ¿está matriculado en alguna clase para aprenderlo? Si no lo está, ¿por qué no?
3. ¿Está matriculado en algún curso de cómo ser mejor padre? Si lo está, ¿cómo le ha ayudado a tener un rol más activo en la educación de sus hijos? Si no lo está, ¿cómo piensa que estas clases le podrían ayudar a fomentar su participación en la educación de sus hijos?
4. ¿Ha concertado una cita con la orientadora de la escuela de su hijo para hablar de las opciones existentes para que pueda asistir a la universidad? En esa reunión se debe hablar de los requisitos académicos que su hijo necesita para solicitar entrada en la universidad, y explorar todas las ayudas económicas disponibles. Recuerde que cuanto más temprano concierte su cita, mayores serán las posibilidades de que su socilicitud para ingresar a una universidad tenga éxito.
5. ¿De qué forma podría su historia personal y su experiencia educativa inspirar a sus hijos?

Capítulo 5: ¿Por qué no puedo criar a mis hijos como mis padres me criaron a mí?

"Crecí en un mundo distinto. Lo que mis padres decían, era la ley. Me criaron con fuertes valores morales, y jamás les cuestioné algo. Aquí es diferente. Eso me gusta, pero al mismo tiempo estoy convencida de que esas fuerte convicciones con las que me criaron, moldearon la persona que soy hoy día. A pesar de que hay situaciones en las que como madre actuaría diferente, me inclino a repetir muchas cosas de mi crianza".

— Teresa, 42 años

Ser padres es una de las experiencias más enriquecedoras que podemos tener en nuestras vidas, pero es también un trabajo difícil vivamos donde vivamos o cualesquiera que sean nuestras circunstancias. Y si usted le suma el factor de ser inmigrante, ser padres se vuelve aún más difícil. Sin importar cuál fue su primer hogar, México, El Salvador, Colombia, Cuba, Argentina, Puerto Rico, u otro país de habla española, el inmigrante latino creció en una cultura que tiene sus propios principios fuertemente arraigados. Algunos de estos son el respeto a las personas mayores, la responsabilidad de aceptar las consecuencias de nuestras acciones, una fuerte convicción de lo que es correcto y lo que no lo es, la devoción religiosa, la lealtad a la familia por encima de todo, la honestidad y compasión, y la creencia de que el trabajo duro es el secreto para desarrollar un ser humano de convicciones férreas y sólidas.

Los americanos también tienen un sistema de valores fuertes, muchos similares a los nuestros. Sin embargo, la forma en que ellos viven esos valores es menos estructurada que la del latino. Usualmente el latino no permite excepciones a sus reglas. Ejemplo de ello es nuestro respeto y reverencia a nuestra gente mayor, al punto que no cuestionamos sus palabras y mucho menos les contradecimos, simplemente aceptamos sus pronunciamientos y hacemos lo que ellos nos dicen. Algunos dirían que los latinos crecimos bajo la mano de padres autoritarios. Otros pueden alegar que esta actitud proviene de haber crecido en países donde había gobiernos autoritarios. Tal vez. Pero nuestro respeto a las personas mayores es inquebrantable, y es parte integral de quienes somos.

Nuestros valores también definen cómo serán nuestros niños y en qué clase de seres humanos se van a convertir. Sin embargo, cuando tomamos la decisión de venir a EE.UU. y criar a nuestros hijos aquí, debemos aceptar que hay quizás otra manera más flexible de ser padres. Nuestros niños no pidieron venir a este país, los trajimos. Otros nacieron aquí. De cualquier forma debemos ayudarlos a adaptarse a su vida aquí en EE.UU.

Aceptar que existen nuevas formas de criar y ser padres, e implementarlas, no significa que no vayamos a honrar nuestras raíces. A medida que exploremos en estas páginas la forma americana de criar a los niños, considere los puntos fuertes y los retos que son inherentes e inseparables de la cultura latina, y piense cómo van a influenciar su manera de criar a sus hijos.

Los puntos fuertes:

- Los padres inmigrantes fueron en su mayoría criados con fuertes valores que a su vez usan para guiar a sus hijos en el mundo culturalmente diverso de EE.UU.
- Los padres inmigrantes fueron criados con un sentimiento de respeto muy fuerte hacia los adultos y la autoridad paterna o materna, que puede ser crítico a la hora de moldear y formar el carácter de un niño.
- Los padres inmigrantes tienen una fuerte motivación y determinación de conservar sus costumbres y herencias culturales.

Los retos:

- Los padres inmigrantes no se sienten seguros de sí mismos en su nuevo país, y podrían sentir que carecen de autoridad sobre sus hijos.
- Los padres inmigrantes, que trabajan muy duro, podrían no tener el tiempo y la energía suficiente para entregarse completamente a sus obligaciones de padres.
- A los padres inmigrantes les suele costar más pedir ayuda a alguien para la crianza de sus hijos.

Los puntos fuertes y los retos de los padres inmigrantes

Los niños latinos tienen, literalmente, lo mejor de dos mundos. Los están criando con valores fuertes, pero también aprenden que en la vida no todo es siempre blanco y negro, tal y como era para su mami y su papi, sino que hay áreas grises que se deben tomar en consideración. Esto puede representar un reto para algunos padres inmigrantes, porque temen que si se alejan de la forma en que sus padres les criaron, sus hijos pueden olvidar de dónde vienen. Quizás necesitamos revisar en qué etapa de adaptación estamos y pensar en cómo afecta nuestra habilidad de llevar a cabo nuestras responsabilidades como padres.

Si no nos hemos adaptado completamente a nuestro nuevo país, no vamos a sentir confianza en nuestras acciones, y la falta de confianza en nosotros mismos se manifiesta en falta de autoridad. "¿Cómo no voy a tener autoridad en mi casa?", nos preguntamos. Pensamos en nuestros propios padres, quienes nunca flaquearon en su autoridad. Y es que olvidamos que estamos luchando con retos y situaciones que nuestros padres nunca imaginaron tener. Trabajamos duro, nos estamos adaptando a nuevas costumbres y tradiciones, y estamos tratando de criar una nueva familia en un nuevo país. Cuando fallamos en alguna de estas áreas, nuestra autoestima sufre. Esto sucede con frecuencia cuando no sabemos inglés, mientras nuestros hijos cada día que pasa lo hablan con más fluidez.

Otro de los retos que enfrentan muchos padres inmigrantes es que están demasiado ocupados para cuidar adecuadamente a sus hijos. A menudo el padre inmigrante tiene más de un trabajo y/o ambos padres trabajan fuera del hogar, por lo que sus niños llegan a una casa sola y vacía. Para los chicos que acaban de llegar a este país esto podría ser un reto. Hay que recordar que estos chicos estaban acostumbrados a que siempre hubiese alguien en la casa para recibirlos, como abuelos o algún otro miembro de la familia, que les decían lo que tenían que hacer y lo que no debían hacer. En este país, no hay nadie que los dirija. Están solos en sus casas. Esto es una situación que da miedo y confunde.

Usualmente los padres inmigrantes se aferran a los valores que aprendieron desde chicos en el hogar, y esto presenta problemas adicionales. Debemos aceptar de una vez que nuestras vidas, y las vidas de nuestros niños, han cambiado dramáticamente. Una vez aceptemos nuestra realidad, podremos ayudar a nuestros hijos a entender los cambios que están sucediendo en sus vidas para que se sientan seguros y confiados en sus dos mundos.

¿Cómo afecta nuestra experiencia migratoria la forma en que criamos a nuestros hijos?

A continuación usted encontrará tres historias diferentes de familias inmigrantes. Léalas para ver si puede identificarse con sus experiencias y saber si ha encontrado el balance entre los dos estilos de crianza, el latino y el americano.

Consuelo y José: Aprendimos a escuchar a nuestros hijos

Un poco antes hemos leído que Consuelo lo pasó mal porque no hablaba inglés. Sin embargo, ella y su esposo José estaban decididos a reunirse con sus hijos, por lo que Consuelo puso todo su empeño en aprender el idioma y conseguir un mejor trabajo. Comenzó con un trabajo de empleada doméstica, luego fue niñera, y en el camino tuvo su propio bebé, mientras que José obtuvo un trabajo permanente en un restaurante. Viajar a México era muy caro, por lo que solamente fueron dos veces a visitar a sus hijos, hasta que al fin pudieron reunir el dinero suficiente y mandaron a buscarlos. ¡Finalmente sus sueños de estar todos juntos en este nuevo país se convertían en realidad! En ese momento ni se les pasaron por la cabeza los retos que enfrentarían como padres una vez sus hijos estuvieran en los EE. UU.

Luego de un corto periodo en el que reinó la confusión, los chicos mayores adoptaron rápidamente algunas formas de vida americana. El mayor, Daniel, comenzó a usar los pantalones holgados, tal y como los usaban los jóvenes aquí, y se hizo un agujero en la oreja para ponerse un arete. Luego de clases no regresaba al hogar como sus padres le pedían que hiciera, y comenzó a cuestionar todas las reglas familiares. No estaba haciendo sus tareas escolares y nunca quería estar con la familia.

Los tres chicos solamente querían hablar inglés en el hogar. Entonces, Pepito, que tenía diez años, y veía en su hermano Daniel alguien a quien emular, comenzó a imitar sus actitudes y comportamientos. Decoró sus libros de texto con la caligrafía característica de las pandillas y empezó a contestarle a su madre cuando ella le reprendía. El pequeño de la familia, Juan, crecía viendo en la televisión programas como Barney y Pokemón, y no entendía por qué su mamá prefería ver televisión solamente en español.

Consuelo se sentía frustrada e impotente. José se sentía descorazonado y los chicos estaban confundidos y rebeldes. "Queremos lo mejor para nuestros hijos", asegura Consuelo, añadiendo que, "A veces ni los reconocemos. No son como los niños americanos de los que me hago cargo. Los niños americanos no les faltan el respeto a sus padres como lo están haciendo nuestros hijos. ¡Ni tan siquiera quieren hablar nuestro idioma! Tal vez cometimos un grave error al traerlos para acá. Tal vez los debimos haber dejado en nuestro país".

Consuelo y José decidieron hablar con amigos que llevaban más tiempo que ellos en el país para pedirles consejo. Estos les aconsejaron tener paciencia con los chicos y la situación, hablar con ellos y, más

71

que nada, escucharlos. Tras haber intentado criar a sus tres hijos de la forma en que los criaron a ellos, Consuelo y José finalmente se mostraron dispuestos a escucharlos y llegar a un compromiso con ellos. Por ejemplo, Daniel, el mayor, les explicó a sus padres por qué era importante para él que ellos confiaran en su buen juicio y fueran más flexibles. Daniel, a cambio, se comprometía a cumplir con las reglas del hogar, incluyendo respetar la hora en que sus padres le decían debía llegar, y además prometió servirles de ejemplo a sus hermanos menores. Inclusive, se ofreció para ayudar a sus hermanitos a hacer sus tareas de español. Consuelo y José reconocieron y apreciaron sus esfuerzos, y le dieron permiso para que fuese a acampar con su amigo americano y su familia. Las cosas no eran perfectas, pero poco a poco fueron mejorando.

Es importante que los chicos entiendan por qué sus padres insisten en preservar los valores de su país natal, como también es importante que los padres acepten que sus hijos pueden hacer cosas diferentes aquí en los EE. UU. sin faltarle el respeto a su cultura o a su familia.

Sylvia y Manuel: Aprender a ceder y a pedir ayuda

A Sylvia y Manuel les llevó cinco años traer a sus hijos a EE.UU. Para entonces Sylvia ya tenía un trabajo estable con una familia que la trataba con amor y respeto. Había aprendido un poco de inglés y se sentía muy a gusto con sus esfuerzos. Manuel trabajaba duro en dos empleos, pero se sentía agradecido. Ambos estaban tan ocupados que lo más que pudieron hacer cuando llegaron sus hijos fue matricularlos en la escuela y confiar en que todo iría bien. Sylvia y Manuel estaban demasiado agobiados y ocupados como para pensar en si sus hijos se adaptarían a su nueva vida. Sencillamente estaban felices de tener la familia unida otra vez.

"Mientras nosotros crecíamos jamás cuestionamos los cambios por los que pasaron nuestras familias; simplemente los aceptábamos, así que asumimos que nuestros hijos harían lo mismo", manifiesta Sylvia. "Pero mudarnos a un nuevo país fue un cambio muy diferente, ahora es que me doy cuenta. Nuestros hijos debían estar aterrorizados en este nuevo ambiente, y nosotros ni sabíamos por lo que estaban pasando. Al cabo de unos meses, llamaron de la escuela para decir que Luis, de doce años, y Beca, de nueve, estaban portándose mal y no estaban prestando atención. Como no hablaban inglés los demás niños se burlaban de ellos, porque a pesar de que asistían a su escuela muchos chicos que sabían hablar español, allí todos hablaban en inglés. Mis hijos se sentían rechazados. Como padres inmigrantes, nos sentíamos intimidados y no podíamos comunicarnos adecuadamente con la maestra, nuestro inglés era pésimo, y no teníamos confianza en nosotros mismos. Ni tan siquiera sabíamos qué era la Asociación de Padres y Maestros" (mejor conocida como PTA por sus siglas en inglés).

Sylvia y Manuel al principio no eran conscientes de lo que iba a requerir de ellos como padres el vivir en un nuevo país, pero tuvieron que re-enfocar su atención en sus hijos y adoptar un rol más activo con ellos y su nueva vida en EE.UU. Esto era un desafío para ellos, porque tenían un horario muy cargado y ocupado, pero encontraron la manera de hacerlo. Se reunieron con las maestras de sus hijos y con la ayuda de otra maestra que hablaba español hablaron de los problemas que los niños estaban experimentando. Las maestras ofrecieron sugerencias, y Sylvia y Manuel se fueron a su hogar a hablar con sus hijos. Los motivaron para que les expresaran sus sentimientos.

Los chicos les contaron a sus padres lo difícil que era para ellos estar lejos de su pequeña ciudad y cuánto extrañaban a sus amigos, admitiendo también lo mucho que odiaban sentirse diferentes porque no hablaban inglés. Sylvia y Manuel les ofrecieron apoyo, recordándoles la razón por la cuál la familia se había mudado. "Esta vida es mejor para todos nosotros, tienen que confiar en eso", comenta Sylvia que les dijo a los niños. Los padres les explicaron a los chicos la importancia de obtener una buena educación y que la maestra se había comprometido a ayudarles a aprender el nuevo idioma.

La familia también habló de las "viejas reglas" y de por qué eran importantes y los chicos por su parte aportaron a la discusión las "nuevas reglas". Sylvia y Manuel aceptaron la sugerencia de la maestra y estuvieron de acuerdo en llegar a un compromiso y aceptar algunas reglas nuevas. Por ejemplo, a Beca le permitieron dormir en casa de una amiga luego de que Sylvia llamara y conociera a su madre, algo que antes ni tan siquiera hubiesen considerado.

Mi historia

Después de casarnos, mi esposo y yo nos pasábamos todo el día trabajando y llegábamos a la casa solamente a dormir. Ser padres era algo que ni habíamos considerado, estaba muy lejos de nuestras mentes. Yo personalmente estaba todavía adaptándome a estar fuera de mi país, y veía California como un lugar donde estaba viviendo temporalmente. No lo sentía como mi hogar. Mi hogar era Puerto Rico... hasta que tuve a mi primer hijo. El nacimiento de mi hijo me hizo sentir que pertenecía a este país.

Cuando nuestro hijo era bebé, mi esposo y yo hablamos de cómo lo íbamos a criar de forma que fuese bicultural y amase sus raíces puertorriqueñas y griegas. En ese momento no hablamos de disciplina y valores, ya que ambos dábamos por sentado que criaríamos a nuestros hijos de la misma forma en que nuestros padres nos habían criado.

A través de los años mi esposo y yo hemos tenido muchas conversaciones en torno a los valores con los que nos criaron y cómo se diferencian de los que se enseñan aquí Siempre hemos creído en equilibrar todo, incluyendo las decisiones relacionadas a la crianza de nuestros hijos. En algunos momentos hay conflictos. Por lo general, somos más estrictos con nuestras reglas y más conservadores que la mayoría de los padres que rodean a nuestros hijos, por lo que hay discusiones y comparaciones. Por ejemplo, mi hija alega que no es justo que su hora de llegada a la casa después de una salida sea más temprana que la hora de llegada de sus amigas, que son un año más jóvenes. Tal vez tiene algo de razón, pero de todas formas no la cambiamos. Muchas veces les digo a los chicos, "Jamás me hubiese atrevido a cuestionarles a mis padres sus decisiones, y mucho menos discutirles como hacen ustedes con nosotros". Pero mi esposo dice, "La respuesta es 'no'. Y cero discusión al respecto". Así mismo diría su padre. Aun así, estamos criando a nuestros hijos para que sean pensadores libres, que expresen sus opiniones tal y como lo hacen los niños en este país. Por esto tratamos de crear un balance entre las filosofías de cómo criar hijos "aquí" y "allá".

Crecí con muchas reglas: no podía salir a citas con muchachos hasta los dieciocho años, no podía dormir en casa de amigas, no podía ir a actividades escolares fuera de la escuela si mi mamá no iba, contestarles a mis padres y el lenguaje obsceno estaban totalmente prohibidos. La familia era siempre lo primero, y era importante ser generosos. La obediencia era de rigor, la honestidad una prioridad, y uno jamás debía comprometer su integridad. En mi hogar ambos padres imponían la disciplina. Mi madre no trabajaba fuera del hogar, por lo que le tocaba lidiar con nosotros durante todo el día. La volvíamos loca. Éramos cuatro hermanos ¡con solo un año entre cada uno! A veces perdía los estribos y nos pegaba, pero yo sé que odiaba hacerlo. Cuando nos pegaba con la correa usualmente lloraba. Mi padre también usaba su correa para pegarnos, pero solamente recuerdo que lo haya hecho en dos ocasiones. Lo habíamos desobedecido y, sencillamente, ¡a nuestro papá no se le podía desobedecer! Sin embargo, cuando miro hacia atrás y examino mi niñez, todos mis recuerdos son de tiempos felices, mucho amor y mucho aprendizaje. Siempre había un valor o principio que aprender, y todos los días se nos presentaba una oportunidad para hacerlo. Por ejemplo, expresar nuestro agradecimiento a algún vecino o familiar por algo que habían hecho por nosotros era una obligación. Si nos habían enviado un regalo para el cumpleaños debíamos enviarles una nota escrita por nosotros dándoles las gracias por el detalle Si algún vecino había traído un postre a la casa, teníamos que llamarle y darle las gracias.

Fueron estas normas y reglas, impuestas por mis padres y otros miembros de la familia, las que me hicieron ser la madre que soy hoy en día. Mi hogar está lleno de reglas, hay más reglas en mi casa que en casa de los amigos de mis hijos, o por lo menos eso dicen ellos... ¡y todo el tiempo me lo recuerdan!

En EE.UU. los padres suelen escuchar mucho más a sus hijos, y el castigo físico es mucho menor. Cuando un hijo no se comporta adecuadamente los padres y este hablan de por qué debe haber una consecuencia por esta acción indebida. Los padres están más motivados por el deseo de que los chicos aprendan una lección que por el deseo de fomentar miedo.

Me parece oír la voz de mis padres cada vez que digo: "Eso es allá, esto es aquí". ¿Cuántas veces me juré a mí misma que no sería esa clase de madre? ¿Es nuestra condición de padres inmigrantes la que nos hace dudar y vacilar de nuestras decisiones como padres, en lugar de ser firmes y consistentes con estas? ¿Cuestionamos nuestras propias reglas por la falta de tiempo para dedicarnos a nuestras tareas de padres? "Estamos ocupados, ambos trabajamos, sencillamente no tenemos tiempo", dirán algunos.

Mis hijos crecieron con dos padres que verdaderamente valoraban su herencia y esto se reflejaba en todo, desde la música que no les permitíamos escuchar y las películas que les prohibíamos ver, hasta las páginas web que les estaban vetadas. Estábamos dispuestos a alcanzar un balance entre la forma en que fuimos criados y la manera en que se cría a los chicos en este país, pero lo que no estábamos dispuestos a hacer era restarle importancia a nuestras raíces y herencias latina y griega.

Los valores latinos y americanos: ¿Cuán diferentes son?

Como padres inmigrantes en EE.UU., criamos a nuestros hijos con dos enfoques sobre los valores: uno es el que trajimos a este país, y el otro enfoque es el de los valores que aprendemos una vez llegamos aquí.

Muchos de nosotros pensamos que los valores latinos y americanos están separados y son totalmente distintos uno del otro. Pero vamos a hacernos la siguiente pregunta: Trabajar duro y ser una persona responsable, ¿es un valor exclusivamente del latino, o es un valor universal? ¿Y ser leal y fiel a nuestra familia? ¿No valoran muchas culturas su religión? Después de todo, tal vez no existan tantas diferencias. Quizás haya diferentes culturas que expresen sus valores de formas distintas. Por ejemplo, los latinos demuestran su respeto a las personas mayores aceptando lo que dicen sin cuestionarlo, mientras que los americanos demuestran su respeto invitándoles a actividades familiares y comunicándose con ellos a través del teléfono o la internet.

Podemos ayudar a nuestros niños a practicar nuestros valores mientras incorporan los valores americanos. Enseñarles a los hijos a vivir con integridad, de forma que los valores, las palabras y las acciones estén en armonía, es una de las grandes lecciones que les podemos transmitir. Pero en realidad, no importa de qué manera demostremos nuestros valores, sea de forma latina, americana, o latino-americana, lo importante es que se los demostremos profundamente, que seamos fieles a estos para que nuestros hijos también se sientan motivados e inspirados a vivirlos.

Historia de éxito: Milly Quezada

Milly Quezada ha deleitado al público de EE. UU., Puerto Rico y su nativa República Dominicana con su música durante más de veinte años. Conocida como La Reina del Merengue, Milly sabe de primera mano lo que es venir a este país y tener que adaptarse a una nueva vida.

"Estaba en mi pre-adolescencia cuando llegué a este país junto con mis hermanos Rafaelito y Martín y mi hermana Jocelyn", recuerda Milly. "Nos fuimos a vivir en lo que en aquel tiempo era un vecindario irlandés e italiano, conocido actualmente como Washington Heights, en la ciudad de Nueva York. En aquellos días nos costó mucho esfuerzo asimilarnos y, para combatir la nostalgia, mis hermanos y yo nos encerrábamos en el cuarto de nuestros padres a tocar música". Así fue como su grupo musical, Milly & Los Vecinos, se dio a conocer.

"Mi abuela y mi padre ya murieron, pero vivimos como una familia extendida", dijo Milly. "Mientras crecimos confrontamos el choque cultural, pero nuestros fuertes principios religiosos nos ayudaron a mantenernos firmes y alejados de las tentaciones naturales de las que son objeto los jóvenes adolescentes. Puedo decir con certeza que fue nuestro padre el que impartió e impuso una disciplina férrea. Nuestros padres estaban sumamente ocupados trabajando seis días a la semana para poder mantenernos a nosotros y a sus familiares en su país natal".

"Como madre viuda con tres adolescentes confronté mis propios problemas. Las circunstancias hoy en día son diferentes a las que había cuando yo crecí, por lo que escogí ser más flexible, más comunicativa y menos estricta. Por ejemplo, trato de escuchar a mis hijos, y les doy la oportunidad de poder hablar abiertamente de cualquier tema, aun cuando pueda haber la posibilidad de que me falten al respeto".

Milly cree firmemente que el haber crecido en los EE. UU. ha reducido considerablemente su capacidad para readaptarse al modo de vida dominicano. "He vivido dos terceras partes de mi vida en los EE. UU., aquí estudié, aquí me casé, me establecí y tuve tres hijos maravillosos. No contemplo regresar a mi país a vivir, sí a vacacionar y visitar, pero a vivir no". Una desventaja, de acuerdo a Milly, es la fina línea que separa al dominicano del americano. En algunos momentos resulta incómodo, y en otros momentos beneficioso. "A veces siento que estoy aquí pero que pertenezco a allá, y otras veces cuando voy allá, siento que pertenezco a EE.UU".

Todos los hijos de Milly nacieron en los EE. UU. Miguel tiene casi cuarenta años, Anthony tiene treinta y pico, y el menor, Rafael, veintipico. "Los tres son bilingües, muy conscientes de sus raíces latinoamericanas, y aman ambos países", dice Milly. "Si bien es cierto que sus amigos americanos ejercen influencia sobre ellos, regresan al hogar donde les espera una madre dominicana que les ofrece el otro lado de la historia, y ellos pueden escoger si dejarse influenciar o no. Esa es su decisión y de más nadie, y una vez tomen esa decisión deberán vivir con sus consecuencias".

"Criar a mis hijos ha sido una experiencia emocionante, llena de retos y feliz, que únicamente se ve entristecida cuando hay eventos significativos en sus vidas que no pueden compartir con su padre, Rafael Vázquez, fallecido a la edad de cuarenta y cuatro años, luego de veinte años de matrimonio. Mi familia se apiñó a mi alrededor y nos apoyó totalmente a mis hijos y a mí. Mi hermana y su esposo, ministros cristianos, nos brindaron ayuda espiritual. Tengo una niñera, argentina, que por treinta y un años ha amado a mis niños con un amor incondicional. Ellos le dicen Mom. Y sus tíos proveyeron a los chicos la presencia masculina en sus vidas, diciendo presente de una manera positiva mientras ellos crecían".

Hoy día, Milly es abuela de dos niñas, Mía y María, las cuales representan la segunda generación de niños de su familia nacidos en EE. UU. "Ellas también son parte de mi historia de Arroz con Pollo y *Apple Pie*, ya que de mí están recibiendo el amor por la música merengue, el arroz con pollo, las delicias argentinas que cocino y la influencia de las dos culturas, dominicana y americana, con las cuales viven todos los días".

Milly aconseja a todos los padres latinos inmigrantes: "La valentía y la fe les moverá hacia adelante, cualquier otra cosa les va a distraer y alejar de su visión. Hay maneras de criar a nuestros hijos para que amen y respeten los valores que provienen de sus raíces, y que a la vez amen y respeten la forma de vida americana".

Consejos para padres inmigrantes latinos

Los relatos de Consuelo y José, Sylvia y Manuel y el mío propio ilustran algunas de las dificultades que nosotros, padres inmigrantes, encaramos cuando estamos criando a nuestros hijos. Aunque queremos lo mejor para ellos muchas veces no nos damos cuenta de cuánto les afecta la mudanza a este nuevo país. A menudo durante esta travesía nos sentimos como Milly, que no somos ni de aquí, ni de allá.

A continuación unas recomendaciones que puede considerar para intentar crear un balance entre las formas latina y americana de criar a los hijos:

1. Acepte el hecho de que usted fue criado con fuertes valores morales y que hay una manera diferente de practicar estos valores en los EE. UU.

2. Fomente que sus hijos hablen ambos idiomas. Si usted está dispuesto a aprender a hablar inglés, sus hijos podrían estar más receptivos a retener su idioma español.

3. Hable con otros padres inmigrantes y pregúnteles cómo están criando a sus hijos. Siempre ayuda saber que existen otros padres en sus mismas circunstancias, con los que usted se puede identificar y relacionar.

4. Acepte que ceder y llegar a un compromiso no es malo para sus niños, pero asegúrese de que ambos padres están de acuerdo en las áreas en que va a haber compromisos. Los chicos necesitan escuchar un mensaje uniforme de parte de sus padres, los mensajes mixtos causan confusión.

5. No se juzgue a sí mismo muy duramente. Tenga confianza en sus habilidades, no importa los inconvenientes por los que esté atravesando.

6. Involúcrese. Vaya a la escuela de sus hijos y conozca a sus maestros y al director o la directora. Hábleles de sus hijos. Si en la escuela hay otros niños latinos, tal vez los maestros o director puedan compartir con usted algunas experiencias vividas por ellos y con ellos.

Mi diario de crianza

Si podemos adaptarnos a nuestra nueva vida en los EE. UU. incorporando ciertas maneras americanas de pensar y comportarnos, ciertamente podemos aprender a adaptarnos como padres en este nuevo país. Nuestros hijos se van a beneficiar mucho con ese cambio positivo en nuestra filosofía de la crianza.

En la próxima hoja de papel en blanco, escriba los pensamientos y sentimientos que se le vinieron a la mente mientras leía este capítulo. A continuación encontrará unos temas que le van a ayudar a comenzar:

1. ¿Piensa usted que está criando a sus hijos con dos conjuntos de valores o con uno solo que puede interpretarse de dos maneras diferentes?

2. ¿Acepta usted que criar a sus hijos con valores que ambas culturas interpretan de forma distinta, representa a la vez un reto y un punto fuerte?

3. ¿Mira usted positivamente el desafío de balancear ambos estilos de ser padres, latino y americano, o se está quejando siempre sobre cómo son las cosas en este país?

4. ¿Ha encontrado la manera de llegar a un compromiso o un punto cómodo entre las formas de crianza americana y latina? Explique cómo.

5. Si no ha encontrado un equilibrio en la forma en que los americanos y los latinos interpretan sus valores, ¿cómo afecta esa falta de equilibrio a sus hijos? ¿Cómo está afectando a toda la familia?

Capítulo 6: Disciplina: Apreciar cómo se practica en EE.UU.

*"Odio cuando mi madre dice, 'Cuando tenía tu edad, y estaba en México,
no tenía alternativas. Nunca les cuestioné a mis padres nada, como lo haces
tú aquí.' No quiero no tener poder de decisión en mi vida, como le pasó a mi
mamá. Aquí es diferente... y me gusta más'".*

— Belinda, 12 años

Somos nuestros padres. Aun cuando juremos que jamás seguiremos
sus pasos y seremos como ellos, la mayoría de las veces cuando nos
convertimos en padres actuamos y hablamos de la misma manera que
ellos lo hicieron con nosotros. "Si quieren postre, tienen que terminar
la comida primero". "Terminen sus tareas antes de salir afuera a jugar".
"Ayuden a su mami a hacer los quehaceres". "No le contestes a tu papi
o te voy a castigar".

Si bien es cierto que todos los padres disciplinan a sus hijos, la
manera de impartir esa disciplina varía de una cultura a otra. Como
padres latinos inmigrantes, la forma en que fuimos disciplinados de
chicos es muy diferente a como los padres americanos disciplinan a sus
hijos. Para el latino el que un niño exprese su opinión a sus padres o a
algún otro adulto es sinónimo de falta de respeto. De niños, el respeto
a nuestros adultos y personas mayores era la ley, y si nos atrevíamos a
desobedecer esta ley, nos metíamos en problemas gordos.

En los EE. UU. los padres están abiertos a escuchar las opiniones
y explicaciones de sus hijos y sus sentimientos. Los padres trazan las
pautas e imparten las consecuencias cuando sus hijos rompen sus
reglas, pero padres y madres están más receptivos a escuchar a sus
hijos y a cambiar de opinión. La forma americana no significa que
padres e hijos estén en igualdad de condiciones, significa que los
padres respetan y reconocen a sus hijos como individuos con ideas y
pensamientos propios.

Explore su estilo de diciplina

A continuación encontrará cuatro historias, incluyendo la mía propia, que le pueden ayudar a identificar su propio estilo a la hora de disciplinar a sus hijos. Mientras lee estos relatos piense de qué forma le disciplinaron a usted y cómo ha afectado la manera en que ha criado o está criando a sus hijos.

María: Los padres son la autoridad

María, natural de Honduras, ha estado en los EE. UU. desde 1993. Ella y su esposo tienen cuatro hijas y un hijo. Viven en una casa pequeña pero feliz en un área considerada como peligrosa en Los Ángeles. María piensa que su hogar está bendecido. Para criar a sus hijos, sigue las costumbres de su tierra natal. "Mi esposo y yo somos la autoridad, igual que lo eran mis padres mientras yo crecía", señala María. "Pero somos más comprensivos de lo que eran mis padres". María y su esposo Mauricio comparten la labor disciplinaria. "Si él castiga a los chicos por desobedecer o por no escuchar lo que les pide, lo respeto. No voy por ahí levantando castigos. Los dos somos sus padres y tenemos que apoyarnos mutuamente". Por otro lado, María acepta que sus hijos cuenten su versión de una historia, y cree en explicar las consecuencias que tienen sus actos de desobediencia. Cuando María era niña, sus padres jamás les dieron a sus hijos explicación alguna y mucho menos la oportunidad de expresar sus opiniones. "Esa era la forma de hacer las cosas. No se les brindaba confianza a los hijos, los adultos tenían todos los derechos. Pegar, abofetear y hasta halar del pelo a los hijos era lo usual". Aunque no utiliza esas medidas tan drásticas para castigar a sus hijas, María no les guarda resentimiento a sus padres. "Nos disciplinaban de esa forma porque nos amaban".

María cree firmemente en mantener una comunicación abierta con sus hijos, aunque ella y su esposo sean estrictos. Por ejemplo, si no se portan bien, no pueden mirar la televisión. Si no hacen sus camas antes de salir de la casa, deben realizar una de las tareas del hogar que menos les gusta. Una de las chicas odia lavar los trastes, por lo que su consecuencia por desobedecer las reglas es hacerlo por una semana. María admite que no tiene objeciones en darles "una nalgadita" si se portan mal. "No hay nada malo con una palmadita cuando el comportamiento se ha salido de control", afirma María. "Funcionó con mis padres. Funciona para mí". Ella quiere que aprendan a comportarse apropiadamente para que no se metan en peores problemas cuando sean mayores. María les ilustra dramáticamente este punto cuando lleva a sus chicos a visitar a su primo, que está en la cárcel. Cuando uno de sus hijos le pregunta por qué el chico está tras las rejas, María les dice que su primo está en prisión porque nunca escuchó a sus padres y ha desobedecido las leyes. Aprovecha la ocasión para recordarles a sus hijos que cuando uno actúa en contra de las reglas y leyes establecidas hay serias consecuencias.

María acepta que hay diferencias en la forma en que las dos culturas manejan la disciplina, pero está convencida de que criar a sus hijos con lo mejor de ambas es importante. Sus chicos entienden la diferencia entre el respeto y la autoridad. Ellos respetan a sus padres, pero también sienten que son respetados por ellos. Asimismo saben que sus padres tienen la autoridad para disciplinarlos, y obviamente lo aceptan.

Antonia: Criada con lo mejor de los dos mundos

Petra, la madre de Antonia, emigró de México hacia los EE. UU. cuando tenía trece años. Vivía con una tía, y al principio creía que solo venía de visita por un tiempo, pero en realidad la enviaron a este país a quedarse. Su experiencia en la escuela fue muy difícil pues no hablaba el idioma. Cuando visitaba México con su tía cada verano, Petra ansiaba quedarse con sus padres, pero no se atrevía tan siquiera a sugerirles nada. Regresaba a los EE. UU. entristecida por la separación de su familia. Siendo todavía una adolescente, Petra se casó con Ramiro, un mexicano, y tuvieron siete hijos, siendo Antonia una de estos.

Antonia piensa que sus padres pudieron asimilarse relativamente bien a la cultura americana porque llegaron al país siendo muy jóvenes, aunque aun de adultos jamás olvidaron sus raíces. Criaron a sus hijos usando ambos estilos disciplinarios, latino y americano. "Si no obedecíamos, recibíamos unas palmadas... o una zurra. Mis padres no tenían temor de usar la correa si habíamos hecho algo indebido. Por ejemplo, en quinto grado mi hermana y yo encontramos una cajetilla de cigarrillos y decidimos probar uno. Teníamos diez años, era tarde en la noche y nos fuimos a la cocina para prender el cigarrillo. Encendimos la estufa y una de nosotras se quemó el pelo, ¡por lo que tuvimos que confesar nuestra osadía! Nuestros padres estaban decepcionados y furiosos... y usaron la correa para disciplinarnos".

En otra ocasión Antonia le contestó con una malacrianza a su madre, y su hermano, seis años mayor que ella, la abofeteó. "Esto sorprendió a mi madre, pero se sintió orgullosa de que su hijo supiera lo que es un comportamiento correcto". Antonia, que nació y se crió en este país, siente que su formacion afecta la forma en que ella cría a sus dos hijos. Actualmente les enseña a sus pequeños a diferenciar lo que es correcto y lo que no lo es, diciendo NO, como cuando los chiquitines caminan hacia la chimenea y tiene que llamarles la atención para que no lleguen a ese lugar que representa un peligro para ellos. "Trato de ser consistente con mis mensajes, para que aprendan bien lo que quiero decirles y enseñarles". Otro elemento disciplinario que utiliza es el conocido "time-out", o tiempo de descanso, algo que podría interpretarse como una pausa obligada para que reflexionen sobre lo que hicieron. Este método se usa muy comúnmente aquí en EE.UU.

Los nenes están aprendiendo a usar las palabras "por favor" y "gracias", palabras que para Antonia significan el comienzo de enseñar respeto. "Mientras yo crecía, el respeto era un asunto prioritario para mis padres. Nosotros lo demostrábamos siguiendo las reglas establecidas y haciendo nuestras tareas asignadas. Si venía alguna visita a nuestra casa, debíamos saludar y luego desaparecer. En mi generación, a los niños se les veía pero no se les escuchaba. Mis hijos van a aprender a respetar, pero sí van a ser escuchados", afirma Antonia.

Sin embargo hubo ocasiones en las que crecer en una familia de padres mexicanos fue difícil. Antonia y su hermana tenían más reglas y quehaceres que cualquiera de sus amigas americanas. "Mi hermana gemela y yo debíamos limpiar nuestro hogar todos los sábados. Lavábamos la ropa y también la planchábamos, algo que mi única amiga americana aprendió a hacer. Ella quería que acabáramos rápido para poder salir a jugar, así es que aprendió a planchar con nosotras". No fue hasta que Antonia entró a la escuela intermedia que obtuvo permisos para hacer cosas divertidas con sus amigas. Sus padres eran los más estrictos, y muy difíciles de convencer. En una ocasión una amiga le pidió a Antonia que no respetara la hora de llegada a casa impuesta por sus padres, algo que la chica descartó categóricamente. "Le dije que de ninguna manera iba yo a desobedecer a mis padres, no valía la pena meterme en problemas con ellos. Además, si llegaba tarde al hogar, mis padres se iban a preocupar, y para qué darles esa preocupación?", reflexiona Antonia.

Incluso durante la adolescencia a Antonia la criaron de una forma muy diferente a sus amistades, pero eso no le impedía amar y respetar a sus padres. "Mis padres me enseñaron que el amor y el respeto van de la mano. Que es muy difícil que exista el uno sin el otro", rememora Antonia. Y aunque aceptaron su nueva cultura, los padres de Antonia se mantuvieron aferrados a las enseñanzas de sus propios padres.

Hoy día, los hijos de Antonia son casi adolescentes y han sido criados bilingües y biculturales. "Ellos miran el mundo con ojos más abiertos pues están expuestos a dos culturas: la mía mexicana y la de mi esposo, americana. Han asistido a varias quinceañeras, cumpleaños con música de mariachi y suficientes asados como para entender que sus vidas son un poco diferente a las de sus amistades", dice Antonia. "Ambas culturas tienen mucho que ofrecer y me siento afortunada de que ellos tengan esa oportunidad. Viven una vida americana salpicada con las tradiciones y cultura mexicanas".

Rosa: El estilo americano funciona

Rosa, quien emigró de México hace más de quince años, tiene cuatro hijos, todos nacidos en los EE. UU. Son mexicano-americanos, y el estilo de criar de Rosa es muy diferente al de sus padres. Criada en un ambiente muy autoritario, Rosa debía hacer absolutamente todo lo que sus padres le pedían, sin hacer preguntas ni pedir explicaciones y, desde luego, sin quejas. "Mis hijos viven en un ambiente bien latino. Hablamos español en casa, asisten a la escuela con chicos latinos, y seguimos todas las costumbres", cuenta Rosa. "Cuando es el momento de disciplinar, yo les hablo, y ellos me hablan. Nos comunicamos". Aun así, Rosa admite que a veces se dan situaciones caóticas en el hogar. "Puedo enojarme mucho si se portan mal. Cuando grito rápidamente comienzan a limpiar o a hacer lo que se suponía que debían hacer y que no habían hecho todavía. Les digo que estoy trabajando por ellos y que lo menos que pueden hacer es ayudarme con las tareas del hogar".

Rosa está segura de que inspira respeto a sus hijos porque ella por su parte los respeta. "No juzgo la forma en que fui criada. Mis padres lo hicieron lo mejor que sabían, pero yo quiero que mis hijos confíen en mí y hablen conmigo. Aunque soy la autoridad, soy también una madre comprensiva", dice convencida la mujer.

A diferencia de María, Rosa no cree en el castigo físico. "Aquí es donde yo establezclo las diferencias disciplinarias. En lugar de pegarles, les hablo. Cuando hablarles no conduce a nada, les quito privilegios. Así es como mis amigos americanos disciplinan a sus hijos".

Rosa afirma que sus hijos la respetan igual que ella respetaba a sus padres cuando tenía su edad, la diferencia es que, "mis hijos no me temen. Tenemos una buena relación. Me gusta que ellos me respeten sin necesidad de llegar al castigo físico. Pienso que es la mejor manera de disciplinar a mis hijos, con un poco de cada mundo".

Hoy día, las hijas mayores de Rosa asisten a una escuela para niñas y les gusta hablar más inglés que español, pero ella sigue alentándolas a hablarlo. También tiene una niña pequeña a la cual está criando con los dos idiomas y ambos se hablan en la casa.

Mi historia: Encontrar el balance es saludable para los niños

Crecí como ciudadana americana, pero soy puertorriqueña primero, y americana después. Mi madre y mi padre tenían altas expectativas para nosotros. Ambos nacieron y se criaron en la Isla, y crecieron bajo reglas muy estrictas, especialmente mami, que era la más pequeña de ¡doce hijos! Mi abuela, Mima, engañaba al que pensara que por ser tan menuda iba a ser dócil. Era fuerte y temida, nadie podía atravesársele en el camino. Recuerdo una vez estando de visita en su hogar, cuando una prima mía le dio a probar a mi hermana una fruta que ella nos había prohibido comer porque la semilla era peligrosa. Mi hermana pequeña por poco se ahoga comiéndola, pero aun así mi abuela Mima la golpeó, la castigó, y le tiró la bolsa de frutas balcón abajo. El padre de mami era más indulgente. Le pedía a mami que se sentara frente a él y le decía cuán decepcionado se sentía por su comportamiento, si ella había hecho algo prohibido. Esto, según mami, la hacía sentir peor. "Me decía que iba a estar pendiente de mis acciones y esas palabras eran suficientes para que yo comenzara a a obedecer y portarme bien."

Como madre, mi mamá era más condescendiente que mi abuela. Nos dejaba explicar el por qué nos debía dar permiso para hacer algo, y en ocasiones ella era nuestra intermediaria ante papi. Pero también usaba la correa. De hecho, en esa época la correa era el método disciplinario escogido por muchos padres. En nuestra casa recibíamos muchos avisos y amenazas de que nos comportáramos, pero, a menudo, hasta que no usaban la correa no comenzábamos a obedecer.

Mi papá era LA autoridad en nuestra casa. Él tenía la última palabra en todo lo concerniente a disciplina. Si papi decía que no podíamos ir a una fiesta, no íbamos. Desobedecer a papi era algo fuera de lo común. Mi pobre mami fue la víctima mayor de nuestras travesuras y desobediencias… ¡Como la mayoría de las madres en todas las culturas!

Pero en realidad papi también era un buenazo. En ocasiones, por su propia voluntad, nos levantaba el castigo que mami nos había impuesto. Como madre, ahora me doy cuenta de que anular las acciones disciplinarias de mami probablemente no era correcto de parte de papi. Pero esa era su forma de dejarnos saber a mí y a mis hermanos que sabía que no éramos perfectos, pero que nos amaba.

Yo podré no haber estado de acuerdo con el uso de la correa, pero recuerdo mi niñez con mucho cariño. Como toda casa de latinos, la nuestra era ruidosa y ajetreada. Mami gritaba mucho, porque cuando lo hacía nosotros mejorábamos el comportamiento. Cuando éramos mayores mami nos escuchaba, nos recordaba las reglas, pero también cabildeaba a nuestro favor. A veces, no a menudo, solo a veces, papi accedía y nos permitía hacer algo nuevo. Era su manera de dejarnos saber que confiaba en nosotros, pero que no debíamos defraudar esa confianza.

Si bien es cierto que en mi hogar había disciplina impuesta por papi y mami, había también muchos besos y abrazos. Un amor incondicional reinaba en la casa.

Mi esposo, que es griego-ortodoxo, fue criado también con la correa. Aunque sus padres no la usaban como medida de castigo muy frecuentemente, le hizo comprender que siempre debía hacer lo correcto, ya que de no ser así tendría un castigo severo. Él pensaba que el uso de la correa tendría un impacto positivo en disciplinar a nuestros hijos, y por esa razón la usó en varias ocasiones. Yo odiaba cuando lo hacía y me iba a otro cuarto a llorar. Finalmente le hice prometer que más nunca iba a usar la correa. Estoy convencida que hay otras maneras de exigir respeto y de que los chicos escuchen lo que uno les pide.

Estamos criando a nuestros hijos con lo mejor de ambos estilos de crianza. Creemos en la forma estricta de criar que nuestros padres utilizaron con nosotros, pero también creemos que al escuchar a nuestros hijos les demostramos respeto y les validamos como individuos. En nuestros esfuerzos disciplinarios nos esforzamos por ser justos y constantes. Hablamos de los problemas y las situaciones que están pasando en la vida de nuestros hijos en reuniones familiares. Hasta les permitimos a nuestros hijos decidir cual será la consecuencia de su comportamiento, un lujo que ni mi esposo ni yo tuvimos mientras crecíamos.

Nuestros hijos son pensadores independientes que expresan sus opiniones, pero ellos también entienden que hay ciertas cosas que no son negociables. Cuando comparan nuestras reglas con las de sus amigos, les recordamos que en nuestra familia las reglas son distintas, y punto. Por ejemplo, ir al cine en la noche durante la semana mientras estaban cursando la escuela intermedia era inaceptable. Podían ir con un grupo de amigos a la hora del matiné, pero por la noche, ¡no! A los dieciséis años nuestro hijo no podía manejar de noche pues nosotros pensábamos que todavía no estaba listo para esa clase de privilegios, no por su falta de madurez, sino porque era muy joven aún. A la mayoría de sus amigos les permitían llegar a altas horas de la noche a su hogar, por lo que para mi hijo era fuerte no poder hacer lo mismo. Pero aceptaba las reglas. Verdaderamente él entendía que éramos estrictos y sobreprotectores porque esa era la forma en la que nos habían criado nuestros propios padres. Si funcionó para nuestros padres, iba a funcionar para nuestros hijos.

Cuando me hija tenía trece años había ciertas modas que no le permitía usar. Cuando salía con amigas debía llamarme cada hora. No le permitía ir al centro comercial si no había un adulto presente, aun durante el día. Tener acceso vía computadora a cualquier página web dirigida a adolescentes estaba totalmente prohibido. Igualmente salir con chicos en plan romántico fue algo que no le dejamos hacer hasta los dieciocho años. Esta regla, por supuesto, no le gustaba para nada, pero yo le recordaba que así me habían criado a mí también. Si quería salir con algún chico antes de esa edad, tenía que llevar una chaperona.

La forma de disciplinar latina frente a la forma de disciplinar americana: cómo encontrar un balance entre los dos estilos de disciplina

¿Cuál de los dos métodos disciplinarios funciona mejor? ¿Era la manera de disciplinar de nuestras abuelas más efectiva que la nuestra? ¿Son los padres americanos muy indulgentes? ¿Es posible combinar una actitud flexible con una postura firme con respecto a la disciplina?

Como padres latinos inmigrantes es nuestra costumbre llevar las riendas del hogar de manera firme, con muchas más reglas que nuestros vecinos americanos. Nuestros hijos comparan, se quejan y a veces se rebelan. Algunos de nosotros sentimos que es inapropiado que unos hijos cuestionen a sus padres o discutan con ellos. A nosotros no se nos permitía, ¿por qué ellos pueden hacerlo? Podemos sentir que estamos perdiendo nuestra autoridad, especialmente si nuestros chicos han nacido aquí, o están más educados que nosotros mismos, o si hablan inglés y nosotros no lo hablamos.

Disciplinar a nuestros hijos no significa entrar en una guerra entre ellos y nosotros, entre el estilo americano y el estilo latino. Combinar lo mejor de cada una de estas formas de disciplina puede resultar en chicos respetuosos y bien educados. No debemos disgustarnos ni ofendernos cuando nuestros chicos se atreven a cuestionarnos el por qué sus amigos pueden hacer algo que nosotros les prohibimos. No están siendo necesariamente irrespetuosos, solamente están tratando de entender nuestras reglas. En este país se les enseña a los chicos a hacer preguntas, inclusive a cuestionar la autoridad. Esto no significa que debemos estar de acuerdo con ellos, o ceder a sus deseos, pero podemos escuchar lo que tienen que decir. De hecho, si ellos pueden articular sus argumentos, ¡es fantástico! Eso no significa que vayamos a claudicar y que ellos vayan a salirse con la suya.

Tal vez es buena idea que en lugar de despreciar y criticar la manera americana de disciplinar, aprendamos a llegar a compromisos. Esto significa que podemos aceptar que está bien escuchar el punto de vista de nuestros hijos, y hablarles sobre cómo sus padres los disciplinaron a ustedes. Permitir que la comunicación fluya con sus hijos les ayuda a entender y apreciar su herencia y raíces.

La próxima vez que su hija de tres añitos se apropie del juguete de algún amiguito, siéntese con ella y explíquele que ese comportamiento no es apropiado. Aliéntela para que le pida disculpas a su amiga, para que puedan continuar su amistad. Está bien que no le pegue por eso. Cuando su chico de diez años rehúse limpiar su habitación, siéntese con él y explíquele que ya es lo suficientemente grande como para mantener su cuarto limpio, y que usted espera que así lo haga, sin chistar. Está bien que no use la correa para disciplinarlo.

Si sus hijos conocen las reglas desde el principio estarán más abiertos a observarlas y seguirlas. Hay que recordarles esporádicamente las reglas, aunque sean adolescentes.

Mi esposo tiene una filosofía peculiar en cuanto a disciplinar a nuestros hijos, muy parecida a la que tuvieron mis padres mientras nos criaron a mis hermanos y a mí: "Soy un padre, no un amigo, y no me importa si en ocasiones me odian y les soy antipático. Nuestro trabajo como padres es inculcar los valores con los que crecimos, los valores preciados por nuestra herencia latina y griega, así como la americana: respeto, trabajo duro, honestidad, compasión, amabilidad e integridad. Pero también somos responsables de criar individuos independientes y equilibrados. Escucharles es importante. Aceptar sus puntos de vista es importante. Crear un balance entre las dos culturas, es lo más importante. Algún día nuestros hijos así lo entenderán".

Karina: Mi padre nos disciplinó a su manera

Karina nació en los EE. UU., de padres mexicanos que emigraron a este país cuando tenían dieciséis años. Aquí se conocieron y a los veinte años se casaron, y tuvieron cinco hijos. La familia se mudó de vuelta a México cuando Karina tenía cinco años de edad, viviendo allá hasta que la joven tenía dieciséis años. Luego volvieron a emigrar a los EE. UU.

Los valores de Karina están fuertemente arraigados en la cultura mexicana. Su familia siempre habló español, comían comida típica mexicana y seguían las tradiciones mexicanas. "Tuve el honor de saber qué es vivir en la pobreza", dice Karina, y añade que ese privilegio incluyó trabajar en el rancho, ordeñar a las vacas, alimentar a los cerdos y preparar el queso. "Pero quería tener una educación escolar".

Sus padres accedieron a regresar a los EE. UU. para apoyarla en sus sueños, ya que en el pequeño pueblo donde se crió las oportunidades escaseaban. "Cuando regresamos a los EE. UU. no fue fácil para mi padre aceptar el sistema de valores americanos. Nosotros hacemos lo que nuestros padres digan, sin preguntar nada. Los chicos aquí no se comportan así. Mi padre no podía acostumbrarse a eso".

93

El padre de Karina era el que imponía la disciplina y no dudaba en usar la correa. "Mi padre nos dijo a todos los hijos, incluyendo a Aníbal, que no podíamos salir de la casa mientras él no estaba. Pero Aníbal no hizo caso y se fue con unos amigos. Mis hermanos y yo corrimos tras él para decirle que regresara a casa, y de repente vimos a nuestro padre. Este se puso tan furioso que nos puso en fila y ¡nos dio con la correa a todos!"

La manera de su madre de ejercer la disciplina era diferente, les hablaba y les hacía pagar las consecuencias de sus actos, por ejemplo prohibiéndoles ver televisión o salir a pasear. "No culpo a mi padre por la forma en que nos disciplinó. Él y mi madre crecieron en un ambiente abusivo, en el que los padres les pegaban a los chicos si se molestaban con ellos". Los abuelos maternos de Karina obligaban a su madre, como forma de penitencia, a arrodillarse sobre un hormiguero o a poner las manos planas en el piso, y sobre ellas colocaban piedras.

Los padres de Karina sufrieron un gran impacto al presenciar la cantidad de libertad que los chicos tenían aquí en los EE. UU. Las niñas salen con chicos a temprana edad y los adolescentes viajan solos, sin adultos, durante muchos días. Los estudiantes solicitan entrada a cualquier universidad, la que quieran, y los padres no ponen objeción alguna. Para el padre de Karina era muy difícil aceptar que esta dejaría su hogar para estudiar en el extranjero durante un semestre, con tan solo veinte años. "Las niñas en mi país no hacen esto. Se quedan en sus hogares hasta que se casan", cuenta Karina.

Los chicos en los EE. UU. son más independientes, y se emancipan más jóvenes que en los países latinos. Parecería que no necesitan a sus padres tanto o no desean que estos les estén diciendo todo el tiempo qué tienen que hacer. Tanta libertad y flexibilidad ha hecho que el padre de Karina dude de su capacidad como padre. "Papi siente que ya no puede prohibirnos hacer cosas, porque sabe que no le vamos a obedecer", dice Karina. "Pero en México eso no sucedería. Nos diría qué debemos hacer no importa la edad que tengamos. Todavía trata de hacer las cosas a su manera, pero a través de los años ha comenzado a aceptar mucho más el estilo americano".

Hoy día, Karina tiene una Maestría en Matemáticas de la Universidad del Sur de California, y es maestra de álgebra y geometría en una escuela secundaria. Está casada con un costarricense y tiene dos hijos a los cuales están criando bilingües y biculturales. Su padre ha hecho la paz con la nueva vida de Karina. "Ha aceptado que existen dos formas de hacer las cosas", dice Karina. "Me paso recordándole que porque yo haya aceptado mi vida en este país no quiere decir que me olvido de dónde vengo. Pertenezco a ambos mundos, y estoy orgullosa de ello".

Historia de éxito: Rodri J. Rodriguez

Guadalupe Josefina de los Milagros, mejor conocida como Rodri, llegó a los EE. UU. sola a los siete años, como parte de la "Operación Peter Pan", que consistió en el éxodo de más de catorce mil niños cubanos a los que sus padres enviaron a este país para apartarlos del régimen comunista de Fidel Castro. Rodri estuvo en un campo de refugiados tres meses, hasta que la destinaron a un hogar adoptivo, en el que vivió siete años. "Me crió una familia en Albuquerque, que aunque eran de descendencia mexicana, se consideraban hispano-americanos". Esto era algo confuso para Rodri, quien a tan corta edad no podía distinguir las diferencias entre su cultura, la de su familia sustituta y la de su nuevo país. "¿Confundida? Esto era más como un arroz con mango", asegura Rodri.

La discriminación a tan corta edad puede tener efectos extremadamente dañinos, o por el contrario, otorgarle a la persona que la sufre una fortaleza única. Para Rodri, ese fue el caso. Recuerda que se sentía triste la mayor parte del tiempo, extrañaba a sus padres, su hogar, sus alrededores, el océano, la comida y las costumbres. Los chicos se burlaban de cómo hablaba el español. "Había otros chicos que eran ridiculizados por ser gordos o pobres. Me encontraba en la posición de darles consuelo y de defenderlos también. Vivir en una isla y luego aterrizar en medio del desierto fue traumatizante, pero la primera vez que vi y toqué nieve fue algo increíble e inolvidable".

Pasaron siete años antes de que los padres de Rodri pudiesen venir a EE.UU. A los catorce años, ella sentía que era una madre para sus padres, ayudándoles a adaptarse a su vida en los EE. UU., enseñándoles el idioma y las diferencias culturales, incluyendo los días festivos. "Para Acción de Gracias mi mamá cocinaba el pavo relleno de picadillo, un plato de carne típico cubano, y lo acompañábamos con arroz blanco y frijoles negros, y papas majadas". Era un reto para ellos acostumbrarse a celebrar la Navidad la mañana del veinticinco, ya que en su país celebraban Nochebuena en la víspera del día de Navidad, el veinticuatro.

"La adaptación de mis padres a este país jamás se materializó. Era como si todavía estuviesen en Cuba, pero con el océano solamente a un lado", relata Rodri. Pero para Rodri fue diferente. "Desde temprana edad aprendí a apreciar y a aceptar las cosas y las personas que eran diferentes. Para mí fue una técnica de supervivencia. En lugar de comer frijoles negros, aprendí a disfrutar los rojos y los rosados. No tenía a mis padres junto a mí para preservar mis costumbres, por lo que aprendí nuevas, me adueñé de ellas y luego las compartí con mis padres cuando llegaron a EE.UU.", cuenta Rodri.

Como muchos padres inmigrantes latinos, los de Rodri trabajaban duro durante el día, y por la noche tomaban clases en ESL. Sin embargo, "ellos insistían en hablar español, y yo insistía en hablar inglés. ¡Fue una batalla! A veces sentía que estaba viviendo una doble vida. Esto no cambió hasta que las circunstancias me obligaron a mudarme". A los veinticuatro años, Rodri todavía tenía que estar en su casa a la medianoche. Una noche, frente a su casa, se puso a hablar con su novio de los simbolismos de una película de Fellini, y cuando fue a entrar, la puerta no abría con su llave. Su padre le había puesto el cerrojo. Su madre, desde adentro, lloraba y le decía que se fuera a casa de su hermano. Esa noche Rodri durmió en su carro, y poco tiempo después, se fue de su casa. "Esa situación fue totalmente ridícula. Yo, dueña de una compañía internacional, viajando con artistas por Sur América y México, ¡y no podía pasarme de la hora límite impuesta por mi padre! Esto se puede aguantar cuando uno es joven y dependiente de los padres, pero cuando uno es un adulto, e independiente económicamente, no funciona. Todavía me parece escuchar la respuesta de mis padres, al preguntarles, '¿Por qué no confían en mí?', y ellos contestarme, 'No es en ti en quien no confiamos, es en el mundo exterior'".

Cuando sus padres fueron envejeciendo, los papeles se intercambiaron. Rodri mudó a sus padres a una casa de huéspedes dentro de una propiedad que había comprado. Cada vez que salían, les exigía que le dijeran dónde iban y les dio a cada uno un teléfono celular para poder localizarlos en cualquier momento. Sus padres le decían, "Somos mayores de edad, ¿por qué no confías en nosotros?"... A lo que ella respondía: "No es en ustedes en quienes no confío, es en el mundo exterior".

En la actualidad Rodri es una reconocida productora musical, empresaria, presentadora, y fundadora de Mariachi USA, el festival dedicado a la música de mariachi más grande del país. Rodri es la fundadora y presidenta de la Fundación Mariachi USA, que durante los últimos veinte años ha otorgado becas a más de cinco mil chicos en los estados de California, Arizona, Texas y Washington. "Creo firmemente en enriquecer las vidas de los jóvenes a través del arte, que fue lo que me ayudó a sobrellevar mis primeros siete años en los EE. UU. Mediante la disciplina suave de la música y la expresión creativa de las actuaciones, la autoestima puede resurgir de las cenizas y puedes triunfar sobre cualquier adversidad", dice convencida Rodri.

Como niña recién llegada a este país, Rodri fue diariamente víctima de discriminación y de comentarios mordaces de parte de otros chicos de su edad. "Me decían que mis padres no me querían, y que morirían cuando las bombas explotaran en Cuba", recuerda la empresaria. En su hogar adoptivo sobrevivió golpizas que rayaban en crueles torturas, acompañadas de abuso emocional y psicológico diarios. Rodri se aferraba firmemente a su creencia de que algún día sus padres la rescatarían. En la educación encontró su salvación, se dedicó a ella con pasión, y ganó premios en competencias de deletrear palabras en inglés, sobresalió en gramática, y se destacó en certámenes de talento. "Tengo tanto que agradecer, soy un ejemplo de que el alma humana es capaz de vencer todos los obstáculos".

La historia de Rodri es de supervivencia, esperanza, aceptación, valentía y amor. Es un reflejo de los sentimientos experimentados por los hijos que son separados de sus padres para venir a este país, y cuán difícil puede ser la adaptación. Mi esperanza es que cuando los padres la lean, puedan entender mejor lo que algunos niños experimentan cuando llegan a este país, y cuán importante es hablar con ellos, escucharlos y tomarse el tiempo necesario para ayudarlos a adaptarse a esta nueva vida.

Consejos para los padres inmigrantes latinos

A continuación encontrará mis consejos para ayudarle a balancear los dos estilos de disciplinar a sus hijos: latino y americano.

1. Acepte que está usted criando a sus hijos en un mundo diferente al que usted creció. Siéntese y haga una lista de las diferencias que usted advierte entre la forma en que sus padres le criaron y la forma en que se disciplina a los niños aquí en EE.UU.

2. Con su lista en mano, hable con su cónyuge sobre cuáles son los privilegios y comportamientos en los que están ustedes dispuestos a llegar a un compromiso, y cuáles no son negociables. Por ejemplo, a los chicos aquí se les permite dormir en casa de sus amistades. ¿Dejaría usted que sus hijos durmieran fuera del hogar? ¿A qué edad se lo permitiría? ¿Sería eso para usted un punto de compromiso o un punto no negociable?

3. Juntos, usted y su cónyuge, establezcan reglas de comportamiento para sus hijos, que sean claras, concisas y consistentes. Establezca las consecuencias que habrá de no ser obedecidas dichas reglas.

4. Siéntese con sus hijos y hablen de las reglas del hogar y las consecuencias de que no sean respetadas y cumplidas. Explíqueles por qué sus reglas son importantes y por qué

usted espera que sean acatadas y honradas. Además les debe informar que en algunas de estas reglas ustedes están dispuestos a ceder y en otras, definitivamente, no.

5. Escuche a su hijo, sus puntos de vista. De esta forma usted le está demostrando que le respeta como individuo. Cuando usted actúa de esta manera, ellos le respetarán aún más a usted.

6. Dele a su hijo la oportunidad de expresar su opinión, pero siempre haciendo la salvedad de que usted es la autoridad, y quien tiene la última palabra.

7. Si piensa que está perdiendo terreno con sus hijos, pare y escuche con detenimiento qué es lo que tienen que decir. Entonces, deles a sus hijos la oportunidad de que le escuchen a usted.

8. Haga reuniones en familia una vez al mes para hablar de cómo está funcionando el balancear ambas formas de disciplina.

9. Prepare un borrador de la lista de reglas y consecuencias que haya recopilado con la ayuda de su cónyuge e hijos. Pida a cada miembro de la familia que ponga su firma y la fecha en el listado, y péguela en el refrigerador o en algún lugar de fácil acceso y, sobretodo, visible. Si es necesario, actualícela más adelante.

Mi diario de crianza

Escriba los pensamientos y sentimientos que se le vinieron a la mente mientras leía este capítulo. Aquí tiene unos temas que le ayudarán a comenzar:

1. ¿Ha aceptado usted que puede criar a sus hijos con dos estilos de disciplina?
2. ¿Ha visto los beneficios de usar ambos estilos disciplinarios? ¿Por qué razón? ¿Por qué no?
3. Si usted no ha encontrado todavía un balance entre ambos estilos de disciplina, ¿cómo está afectando esto a sus chicos?

Capítulo 7: Preocupaciones específicas del padre/madre inmigrante soltero

"Después de diez años de matrimonio, y tres hijos, mi esposo me abandonó. No tenía nada. Vine a EE.UU. para buscar una vida mejor para mis hijos. Ha sido un proceso de ajuste fuerte para todos".

— Ana, 35 años

Como madre de dos hijos, no puedo ni imaginar cómo sería criarlos por mi propia cuenta. Ser padres no es un trabajo fácil. Es un trabajo fuerte y sin fin, sea cual sea la edad de sus hijos. Los padres solteros enfrentan mayores retos. ¿Qué pasa cuando mami está enferma o cansada? No puede irse y dejar que el cónyuge se haga cargo porque no hay marido en casa. ¿Y si mami tiene dos trabajos y no tiene familia que la ayude con los niños? ¿Y si ambos padres tienen custodia pero no se ponen de acuerdo en ciertas ocasiones? ¿Cómo puede afectar a los niños la discordia entre ambos? ¿Y qué pasa si somos madres adolescentes? Eso complica aún más la situación...

Las siguientes historias ponen de relieve muchos de los asuntos que enfrentan los padres solteros inmigrantes. Mientras las lea tal vez podrá identificarse con algunas de las experiencias por las que han pasado estos padres y le dará ánimos ver cómo consiguieron sobrellevar el estrés de ser padre soltero.

Isabel: La influencia de los amigos americanizados sobre mis hijos

Isabel nunca pensó en cómo podría cambiar el comportamiento de sus hijos, motivados por el afán de encajar en su grupo de amistades. Tampoco consideró cómo podría cambiar su estilo de crianza una vez se mudara a los EE. UU. proveniente de El Salvador. Su meta era simple:

criar a sus hijos de forma segura y brindarles más oportunidades. Hacía cinco años que había venido a este país sola, dejando atrás a sus hijos al cuidado de familiares. Cuando llegaron a este país, su hijo mayor era un adolescente, su hija era pre-adolescente, y su hijo más pequeño tenía ocho años. Isabel suponía que, dado que ella se había adaptado tan bien a su nueva vida, sus hijos también lo harían sin ningún problema. Pero cuando su hijo de ocho años dejó de hablar, y sus dos hijos mayores dejaron de seguir las reglas impuestas por ella, Isabel se dio cuenta de que algo estaba pasando. Hay que recordar que Isabel había sido una madre a larga distancia durante los últimos cinco años. Ahora sus chicos se habían reunido con ella, y estaba criándolos de la única forma que sabía, la misma que sus padres usaron con ella. En su hogar Isabel tenía reglas estrictas en asuntos como hora de llegada, vestimenta, cómo comportarse con los adultos, y cómo ayudar en las tareas del hogar. Los amigos de sus hijos no tenían tantas reglas en sus hogares, y los hijos de Isabel comenzaron a rebelarse.

Isabel pensaba que sus hijos estaban adaptándose bien a su vida en EE.UU. "Tal vez demasiado bien", reflexiona. "De pronto comencé a darme cuenta de que no estaban cumpliendo las reglas". Mario, el hijo mayor, no quería hablar español. Peleaba constantemente con ella porque no quería respetar la hora de llegada al hogar y, peor aún, no quería que Isabel conociera sus nuevos amigos. En su empeño por sentirse parte de un grupo, y frustrado por no hablar el idioma, Mario se hizo amigo de jóvenes que vestían ropas oscuras, tenían *piercings* en la nariz y pasaban de la escuela. Isabel llegaba a casa tan cansada después de trabajar en dos empleos, que ni quería hablar de lo que estaba sucediendo con su hijo mayor.

Su hijo menor se sentía acomplejado por no hablar inglés. Isabel lo obligaba a vestirse conservadoramente, a diferencia de los otros chicos, que iban a la escuela vestidos con vaqueros y camisetas. Se sentía inseguro y rechazado, y comenzó a portarse mal.

Ambos varones comenzaron a decirle a Isabel, "No tengo que escucharte, mami", y "No voy a hacer eso, es mucho trabajo". Mentían sobre sus tareas escolares y también sobre adónde iban una vez había finalizado el día escolar.

Isabel se sentía frustrada, lo que la llevó a descuidar sus responsabilidades maternales. "Yo era la única persona adulta a cargo de mi hogar, llegaba cansada de mis trabajos y era más fácil ignorar que mis hijos no estaban cumpliendo con las reglas establecidas por mí. Además comencé a permitir un tipo de comportamiento de parte de mis hijos que jamás hubiera aceptado en mi país, como dejarles dormir en casa de algún amigo que yo no conocía". Isabel asumió erróneamente que sus hijos estaban orgullosos de su herencia y nunca cuestionarían los valores con los que crecieron. "Siempre pensé que ellos sabían cuál era el comportamiento correcto y cuál no lo era, y que se comportarían de acuerdo a la forma en que les enseñé, aun cuando estuvieran pasando por un proceso de adaptación en este país".

Los chicos estaban constantemente discutiendo con Isabel y entre ellos mismos. Finamente Isabel decidió ir a su Iglesia para exponerle su situación al sacerdote, que le presentó a otros padres inmigrantes que habían pasado por situaciones similares a las que estaba atravesando ella.

Conversando con estos padres Isabel aprendió cómo manejar mejor los problemas de sus hijos. Comenzó trayéndolos a la Iglesia todos los domingos, y allí los chicos hicieron nuevas amistades, inmigrantes igual que ellos, y que hablaban su idioma, español. La Iglesia tenía un programa dirigido a niños inmigrantes, llevado por un psicólogo que escuchaba todas sus preocupaciones. Los hijos de Isabel pudieron hablar de sus experiencias, y lograron entender que a los demás chicos también les había costado mucho adaptarse a su nueva vida, pero que podía hacerse. El hecho de que el psicólogo y los nuevos amigos hablaran español ayudó a los chicos a compenetrarse mejor. Acudiendo a estas sesiones se enteraron de que algunos de sus compañeros tomaron clases de inglés todos los días luego de finalizado el horario escolar, durante muchos meses, para poder estar al mismo nivel que los demás niños en su salón de clases.

Isabel aprendió que podía inculcarles a sus hijos los viejos valores mientras aceptaba la llegada a sus vidas de los nuevos. Por ejemplo, entendió que era correcto permitirles a sus hijos usar ropa menos conservadora, como pantalones bermudas para los varones y vaqueros para su hija. La comunicación entre ella y sus hijos comenzó a fluir, lo cual es algo muy preciado aquí en los EE. UU., pero nada común en El Salvador. Pero más importante aún fue que Isabel aprendió a pedir ayuda, y a aceptarla. "Saber que podía contar con otras personas me ayudó a convertirme en una mejor madre", afirma Isabel.

Irma: Escogí ser madre soltera

Cuando Irma se mudó para los EE. UU. desde la ciudad de Puebla tenía veintidós años y era soltera. Fue a vivir con su prima mayor, quien vivía en un vecindario donde había pocos latinos, por lo que cuando deseaban estar rodeadas de personas que compartían su propia cultura, debían dirigirse a otro vecindario, algo que les tomaba aproximadamente una hora. Irma añoraba tanto su casa que estuvo tentada de regresar a México. "Ese primer año fue el peor", dice al asegurar que "tenía un pie aquí y otro allá, en casa".

Trabajó como niñera y empleada doméstica, lo que según ella fue "humillante", a pesar de que sus patronos eran gente amable. "El estar incomunicada y apartada empeoró la situación", cuenta Irma. Su familia no era rica, pero tampoco eran pobres, y la joven había estudiado una carrera técnica en su país, desempeñándose por un tiempo como asistente ejecutiva. En EE. UU. no tenía muchos amigos y solo veía a su prima durante los fines de semana.

Se involucró en grupos políticos y apenas se comunicaba con su familia. Rápidamente se dio cuenta que esta vida no era para ella, que no era la forma en que la habían criado. Su prima era solidaria y comprensiva con ella, ya que también había tenido que acostumbrarse a su nueva vida. De pronto el resto de su familia se unió a ella y a su prima en Los Ángeles, y su vida se hizo menos marginada.

"Tuve momentos bien difíciles. Todo el tiempo estaba extrañando mi casa, no me gustaba mi trabajo, mi prima vivía a una hora de distancia, no tenía amigos, me sentía sola y triste la mayoría del tiempo, pero la experiencia me ayudó a convertirme en una mujer fuerte e independiente", confiesa Irma.

Entonces quedó embarazada. Tenía treinta años y no se casó con el padre de su hija porque ya estaba casado. Durante los ocho meses que duró la relación Irma nunca supo que su pareja estaba casada. No fue hasta que tenía tres meses de embarazo cuando descubrió que él estaba viviendo una doble vida.

Escogió criar a su hijo sola. "Cuando decidí tener a mi bebé realmente no sabía qué iba a hacer o en qué situación me estaba metiendo. Era joven e inexperta, y me creía invencible. ¡Podía hacer lo que quisiera! Podía criar a mi hija sola. Sin embargo, a través de los años han aflorado sentimientos de culpabilidad por haber escogido no incluir al padre de mi hija en su vida. Estaba furiosa por su traición y por su reacción hacia mi embarazo, y no pensé en la importancia de que un niño tenga presentes en su vida a su padre y a su madre. Ella tenía ese derecho, y eso lo entiendo ahora", reflexiona Irma.

La hija de Irma, Vanessa, tiene once años, está en sexto grado y es completamente bilingüe. No tiene contacto alguno con su padre, pero Vanessa es una chica feliz. Los hermanos y cuñados de Irma han sido la presencia masculina en su vida. "Pienso que en ocasiones le afecta el no tener un padre", asegura Irma. "Se ha criado sin él, y creo que lo resiente, en especial cuando ve que sus primos y amistades tienen padres". Irma le preguntó a Vanessa si quería conocer a su padre, e intentó explicarle por qué no era parte de sus vidas, a lo que niña en tono molesto contestó que no estaba interesada.

Irma está convencida que haber sobrevivido esos primeros tiempos de adaptación a este país la capacitó para criar a su hija sola. "Física y emocionalmente, yo estaba sola. Tuve que aprender a estar sola y a apreciar de qué manera mi vida había cambiado desde que emigré a este país. Aprendí a ser independiente y a confiar en mis propias decisiones". Una vez que su familia llegó, se convirtió en su mayor apoyo desde que nació su nena. Su madre y sus hermanos la aconsejaron, la apoyaron, le dieron su amor y estímulo. Irma ha tomado clases para padres y ha leído muchos libros sobre el tema de criar a los hijos. "Ha sido un reto ser una madre soltera. Mi vida no es mía, mi vida es de ella. A veces ansío una pareja, pero después de tres o cuatro intentos en los pasados diez años he decidido que ya es suficiente. En la actualidad me estoy enfocando en mi profesión y en encaminar a Vanessa por el difícil periodo de la adolescencia. Juego ambos papeles, la madre condescendiente y la madre estricta, la mala y la buena, la fea y la linda, soy madre y padre. ¿Fácil? No del todo, pero hasta ahora he podido llevarlo a cabo. Estoy muy orgullosa de mis logros".

Para Irma una de las diferencias entre la forma en que la criaron y la manera en que está criando a su hija es la comunicación abierta que existe entre ambas. Ella le habla a su hija todo el tiempo. La madre de Irma no le hablaba mucho, "solo nos decían qué hacer, no el por qué había que hacerlo". Mientras crecía era la nena chiquita de papá, pero cuanto tenía diecinueve años su padre abandonó a la familia. "Crecí con mi padre hasta la adolescencia, sin embargo puedo entender qué se siente al no tener un papá en el entorno familiar. Eso ayudó mientras criaba a mi hija, porque puedo identificarme con sus sentimientos". Cuando su hija se porta mal Irma le quita privilegios en lugar de pegarle, que era lo que hacían con ella sus padres. Por otro lado, Irma puede ver los beneficios del estilo latino de crianza. "Los niños respetaban más y se quejaban menos. Tenían mejores modales. Ahora todo lo dan por sentado y esperan que todo se les dé ¡al momento! A los chicos hoy día no se les está enseñando a ser agradecidos ni a respetar la autoridad". Su hija sabe que en su hogar las cosas son diferentes. No hay espacio para rabietas, tiene que respetar a las personas mayores y seguir las reglas del hogar. "A ella le va bien en la escuela y está orgullosa de sus dos culturas, especialmente ahora que ha visitado México. ¡Eso es muy importante para mí!"

Lupita: Una madre adolescente sin experiencia

Lupita nació en Guadalajara, México, y llegó a los EE. UU. a los catorce años, ya convertida en madre de un nene de un año, Jaime. Su historia está llena de dolor, traición, soledad y, finalmente, perdón.

Cuando Lupita era una bebé, su madre, Mayra, los dejó a ella y a su hermano con la abuela, por lo que su niñez fue muy dura. Como muchos otros inmigrantes, Mayra vino a este país en busca de una vida mejor, y Lupita no vio de nuevo a su madre hasta que cumplió cinco años. "Mi abuela tenía doce hijos, y a nosotros dos que cuidar. Yo no tuve una madre divertida, amorosa y cariñosa que me cuidara. Mi abuelita lo hizo lo mejor que pudo y me enseñó buenos valores, pero éramos demasiados en casa para que nos pudiera dedicar tiempo a cada uno de nosotros". Lupita nunca conoció a su padre, por lo que su abuelo fue para ella la figura paterna. "Mi abuelo y yo compartimos un vínculo muy especial. Me enseñó a criar gallinas y a cómo cuidar los caballos y otros animales que había en el rancho en el que vivíamos". Su abuelo lo hizo lo mejor que pudo, ayudándola a vivir sin padre y madre. "Pero siempre soñaba con mi madre. La extrañaba, especialmente a la hora de irme a dormir, pues no estaba allí para leerme un cuento y arroparme. No tenía dónde ir si tenía miedo durante la noche. Mi mamá no estaba allí".

A los trece años, ya embarazada, Lupita decidió emigrar a los EE. UU. con la idea de buscar a su madre, y porque pensaba que el padre de su criatura se casaría con ella. Sin embargo, la relación terminó y jamás lo ha vuelto a ver. Apenas una adolescente, y ya convertida en madre, Lupita se sintió perdida y abandonada una vez más. A los catorce años vio a su madre por segunda vez en su vida, pero la relación estaba llena de resentimientos.

Sus primeros años en los EE. UU. fueron según ella "una pesadilla". Hay que recordar que Lupita se estaba adaptando a su nueva vida, a ser madre, y ayudando a su hijo a adaptarse. Durante el año que vivió con su madre Lupita asistió a la escuela secundaria en donde aprendió inglés, pero era obvio que la relación entre madre e hija no estaba funcionando. "No nos conocíamos", cuenta Lupita, al añadir que había muchos problemas entre ellas, como "falta de confianza y falta de conexión emocional". Eventualmente Lupita y su hijo terminaron viviendo en el sistema de hogares de acogida (*foster care*).

Lupita estudiaba y trabajaba mientra su madre adoptiva cuidaba a su hijo. A pesar de que el padre adoptivo era un hombre amable y trataba a Lupita y a su hijo muy gentilmente, la madre adoptiva pegaba a Jaime con frecuencia. Cuando su hijo habló con un terapista asignado a su caso, Lupita y Jaime pudieron abandonar el abuso que vivían en dicho hogar.

Desafortunadamente esto significó que Lupita debía cambiar de escuela. Debido al cambio de escuelas, Lupita tuvo que estar un año y medio adicional asistiendo a clases antes de poderse graduar de escuela secundaria. Se sintió desalentada al tener que enfrentar otro obstáculo en el camino que estaba tratando de trazar para sí misma. Además, ella y su hijo terminaron viviendo en un hogar social, que es una residencia de acogida para muchas personas, o *group home*, "algo muy fuerte para mi hijo", dice. Pero ella trataba siempre de mantenerse positiva.

La joven sabía que la única forma en que iba a poder ofrecerle a su hijo una vida mejor era educándose. Quería más para su hijo de lo que ella tuvo mientras era niña. Pero en cierta medida, mientras avanzaba en su educación, estaba descuidando un poco a su hijo. Tuvo mucha suerte de encontrar ayuda de sus compañeras en el hogar social, pero su hijo la quería y la necesitaba a ella. "Durante todo el tiempo que estaba en la escuela, mi enfoque era convertirme en mejor madre y ser un buen ejemplo para mi hijo".

Después de un tiempo, Lupita logró mudarse a un centro de asistencia para madres jóvenes solteras con sus hijos y para jóvenes embarazadas.

Hoy día, Lupita está en la universidad. "Mi hijo todavía sufre, pero ahora tenemos un hogar y pasamos más tiempo juntos y he aprendido mucho sobre cómo ser una mejor madre", dice Lupita. También ha logrado tener mejor relación con su madre. "Cuando nos dejó yo la extrañaba mucho y estaba dolida por su partida. Ahora entiendo que mi madre emigró para alcanzar el sueño americano. Ella quería una mejor vida para todos".

Lupita quiere que su hijo aprecie su herencia latina y su vida americana. "Quiero que sueñe y que aspire y que entienda que sí lo puede lograr, pero que nunca se olvide de dónde viene", afirma.

Rita: Cómo sobrevivió la nueva cultura, la deportación de sus padres, el divorcio y el acoso sexual

Rita y sus hermanas son producto de un hogar roto como consecuencia del divorcio de sus padres. Cuando Carmen, la madre de Rita, decidió emigrar a los EE. UU., quedaron al cuidado de unas primas. Un año y medio más tarde, Rita se reunió nuevamente con su madre en este país.

A Rita le llevó mucho tiempo adaptarse a su nueva vida. No solo tenía que acostumbrarse a una nueva cultura sino también a una situación socio-económica familiar más precaria. En la ciudad de México, su familia pertenecía a una clase económica media alta, razón por la cual mientras creció tuvo todo lo que una chica de su clase deseaba: padres atractivos y exitosos, una casa hermosa con sirvientes que se encargaban de cumplir su más mínimo deseo, y una posición de prestigio en su colegio privado. Cuando sus padres se divorciaron Rita perdió todos esos privilegios. Sus padres tenían custodia compartida, pero su padre desapareció de sus vidas y su madre tuvo que empezar a trabajar para mantener a la familia.

Carmen comenzó trabajando como modista de alta costura, pero ahora que pertenecía a la clase trabajadora, sus antiguas amigas la menospreciaban. En esos días ser una mujer divorciada era como estar contaminado. Las que consideraba sus amigas comenzaron a circular rumores malintencionados sobre Carmen, inventando historias sobre cómo suponía una amenaza para sus esposos. Parecían olvidar que el padre de Rita tenía otra mujer e hijos mientras estaba casado con Carmen.

Una señora que había sido una de las clientas de Carmen en México la ayudó a comenzar un negocio de costura en los EE. UU., y cuando las niñas se reunieron nuevamente con su madre tuvieron que ayudar a coser la ropa. Era una vida totalmente diferente a la que habían tenido en México. Rita y sus hermanas no hablaban inglés, y cuando fueron a la escuela se sintieron marginadas, aun cuando vestían mejor que los otros niños de la escuela y estaban mejor educadas.

Los otros chicos acosaron a Rita y a sus hermanas durante mucho tiempo. Las niñas no respondían ni tomaban represalias porque en México aprendieron que las damitas no pelean. Por muchos meses aguantaron el abuso y no le dijeron nada a nadie. "Durante ese tiempo aprendí técnicas de supervivencia que me han ayudado a través de mi vida", confiesa Rita. "Tardaba dos horas en llegar a la escuela porque tomaba la ruta en la que los acosadores no podían encontrarme". Un día una de las hermanas de Rita no aguantó más. "Decidió no obedecer la regla de no pegarle a nadie", relata Rita al añadir que su hermana "le rompió una pierna a ese abusador. ¡Fue la última vez que nos acosaron!".

Alrededor de esa época la madre de Rita y su padrastro fueron detenidos por oficiales de inmigración. Ella y sus hermanas esperaron noticias toda la noche, y ninguna llegaba. Finalmente recibieron una llamada y se enteraron de que su madre y padrastro estaban en Tijuana. Les llevó diez días regresar a los EE. UU. Mientras tanto Rita, la hija mayor de once años, organizó el hogar, estableció un presupuesto y pagó las deudas. "Esa semana pensé en lo que necesitaba hacer el resto de mi vida. Planifiqué mi vida hasta la edad de treinta años. En ese plan no incluí la universidad. Me tomó más tiempo llegar ahí".

Rita aprendió el idioma rápido, pero no era feliz. Sentía que no tenía en quién confiar. Primero, su padre viviendo su doble vida las abandonó a ella y a sus hermanas, luego su madre se mudó a otro país, más adelante tuvo que adaptarse a un nuevo país en el que la acosaron. Como resultado, se convirtió en una chica solitaria. "Era mejor estar sola que tratar de hacer amistad con chicos que no tenían nada en común conmigo. Además, me atemorizaba acercarme a ellos".

Rita sentía mucho resentimiento hacia su padre. Cuando se fue, ella y sus hermanas perdieron todo contacto con él. Un día lo vieron y él viró la cara y ni tan siquiera hizo un gesto de reconocimiento. Años más tarde, cuando su hermana necesitaba que su padre le firmara unos documentos para poder entrar legalmente a los EE. UU., se negó a firmarlos, obligando a la hermana de Rita a entrar al país ilegalmente. Ella no ha vuelto a ver a su padre más nunca, y jamás lo ha perdonado. "Si hubiese tenido un verdadero padre, un padre amoroso y comprensivo, mi vida hubiera sido distinta. En cambio, pasaron muchas cosas porque él no estaba con nosotras". Mientras crecían en Tijuana, sin su padre, el esposo de una prima abusó sexualmente de ella y de sus hermanas. "Tuvieron que pasar doce años para que finalmente yo pudiese hablar sobre lo que pasó".

Desgraciadamente Rita terminó casándose con un hombre que era tan emocionalmente abusivo como su padre. El matrimonio tuvo dos hijos. Debido a lo ocurrido durante su niñez, Rita admite que "nunca he confiado en ningún hombre. Jamás dejé a mis hijos solos con mi esposo, sin embargo estuve casada con él durante veintidós años porque estaba convencida que ellos necesitaban un padre en sus vidas. No quería que estuviesen tan afectados como lo estuve yo ante la ausencia de un padre". Rita solía creer que los niños necesitaban a ambos, padre y madre; con el tiempo ha aprendido que lo que los niños necesitan es calidad en el tiempo que estén juntos, no cantidad.

"Como padre, mi ex esposo era bien divertido. Le gustaba bromear con los chicos y todo lo tomaba con buen humor. Pero nunca los disciplinaba y mucho menos los ayudaba en sus tareas escolares. Si alguna vez los llevaba a sus actividades extracurriculares, lo hacía quejándose todo el tiempo".

Todavía Rita recuerda cómo su hijo le rogaba a su papá que lo ayudara con la tarea y éste se rehusaba. Y cómo la niña abogaba porque le construyera una casa de muñecas. "¡Él nunca ayudó y nunca construyó!", exclama Rita.

Aun así, cuando Rita les comunicó a sus hijos que ella y su esposo se iban a divorciar, su hija se puso furiosa y su hijo estaba terriblemente dolido. "Mi esposo me tenía convencida de que yo era una mala madre por mi trabajo y mis viajes. Sin embargo, él disfrutaba las ventajas y el prestigio que mi posición le brindaba. Se suponía que yo iba a ser una ama de casa, pero él mismo me motivó a que trabajara, y terminé siendo más exitosa en mi trabajo que él en el suyo. Él por su parte se preguntaba, ¿Por qué trabajar duro si mi esposa está trayendo buen dinero a la casa? Yo era todo lo que tradicionalmente es una madre; mi único pecado era que también trabajaba".

Rita está convencida de que todas las experiencias difíciles por las que atravesó contribuyeron a que se convirtiera en la persona y madre que es hoy día. "He pasado años construyendo murallas protectoras alrededor mío y de mis hijos para evitar que nos hagan daño. Tengo un puñado de personas en las que confío y a las que considero mis amigos. Nadie puede o querría cuidar de mí y mis hijos, y tengo que ingeniármelas para ver de qué manera puedo proveerles lo que necesitan. Solicitar ayuda monetaria de cualquier tipo es extremadamente difícil para mí, y prefiero pasar hambre que pedirla".

En la actualidad, los hijos de Rita viven con ella y rehúsan hablar con su padre. Ahora son mayores y pueden entender el sufrimiento que su madre aguantó durante su matrimonio, y las razones que tuvo para pedir el divorcio. Su hijo ha escrito para su clase de inglés las experiencias familiares, contándoles a todos la madre tan maravillosa que tiene.

"Tuve suerte de tener a mi alrededor personas que me ayudaron y guiaron en el camino", reconoce Rita. "Mi primer jefe, cuando yo tenía diecisiete años, me enseñó a creer en mí, y me retaba constantemente. Seguí sus consejos y estoy donde estoy en parte por lo que él me enseñó. Quiero eso para mis hijos. Quiero que crean en ellos mismos, que confíen en sí mismos, y que miren hacia delante con la frente en alto. Tienen lo mejor de dos mundos, y quiero que lo aprovechen al máximo, igual que lo hice yo".

Como Rita, un buen padre soltero pone a sus hijos primero que todo, y se esfuerza por ser un buen ejemplo para ellos. Sean cuales sean los inconvenientes en el camino, sigue adelante en lugar de afligirse por sus circunstancias. "Somos capaces de superar cualquier experiencia, no importa cuán dolorosa, si nos enfocamos en ello y tenemos ganas de hacerlo. Hasta una madre soltera puede hacerlo".

Los retos de un padre soltero

No es imposible criar hijos solos, sin la ayuda de un cónyuge o pareja.

Admitir que no es fácil hacerlo es el primer paso para poder lograrlo, el segundo paso es reconocer cuándo necesitamos ayuda y no temer pedirla. Tal vez su mejor amiga puede ayudarle con los chicos. ¿Podrían entre las dos diseñar un plan, de forma que en caso de emergencia haya alguien cuidando de sus hijos? ¿Y esa vecina que vive en su misma calle... o la mujer que trabaja con usted en la oficina, o en el hotel, o en la fábrica? Quizás una de esas mujeres aprecie la oportunidad de intercambiar noches de cuido entre ustedes, o sencillamente diga presente cuando usted necesite ayuda con sus hijos... o usted puede decir presente si ella la necesita. Tal vez la señora que conoció en el parque esté buscando ayuda, y entre las dos puedan llegar a un acuerdo de turnarse para llevar a los niños al parque en los días libres de cada una.

Su Iglesia también es un buen lugar para buscar ayuda con el cuidado de sus niños. Ejemplo de ello es la Iglesia St. Lawrence Brindisi, en Los Ángeles, que tiene alrededor de 3.000 familias registradas, noventa por ciento de ellas latinas. Su personal y sus voluntarios provienen de todos los lugares y clases sociales. St. Lawrence ayuda a la comunidad, ofreciéndoles clases de inglés, un centro de información, y un programa de apoyo para sus problemas sociales, médicos y legales, incluyendo un centro espectacular para jóvenes. La parroquia, dirigida en un principio por el Padre Peter Banks, quien estaba totalmente dedicado a las personas del vecindario —tanto los parroquianos como las personas sin hogar— y ahora en manos del Padre Jesús, no es solamente una Iglesia para que la comunidad satisfaga sus necesidades espirituales, sino también un centro social para que se reúnan y se brinden amistad y apoyo. Estoy segura que otros barrios de California y otros estados también cuentan con iglesias o centros comunitarios que ofrecen ayuda a las familias y en especial a las familias con padres o madres solteros.

Es probable que su Iglesia o centro comunal local tenga programas recreativos gratis, lo que es ideal para que sus hijos conozcan a otros chicos, y también una figura masculina de autoridad con la que se puedan identificar. Es importante reconocer que nuestros hijos necesitan atención y una presencia masculina en sus vidas que se involucre y se preocupe por ellos. Sea un abuelo, un tío, un primo mayor, o un amigo suyo, su presencia constante en la vida de su hijo le hará sentirse amado y atendido. Si el padre de su hijo no está presente en su vida, esto es especialmente importante.

"Los padres son importantes en la vida de los hijos por varias razones", dice la Dra. Nogales. "Primero que todo, el padre simboliza protección y seguridad. Las niñas que crecen sin padre pueden idealizar lo que se supone es una figura paterna. La falta de una figura paterna o masculina en su vida puede tener un impacto significativo en sus relaciones con los hombres. Pueden volverse dependientes o, por el contrario, evitar todo tipo de apego, o pueden también tener dificultad en crear lazos afectivos". En el caso de los varones, Nogales cree que no tener un padre en sus vidas puede resultar en mal comportamiento. "Un padre es un modelo a imitar. Cuando no hay un padre cerca de un hijo varón es imperativo encontrar una figura masculina, adulta, que pueda satisfacer el rol de padre". La terapista de familia y matrimonio Mary Klem añade, "Nuestro propio sentido de identidad se desarrolla a través de nuestras relaciones con mami y papi. Cuando no tenemos una figura paterna, sufrimos un sentimiento de abandono, de falta de apego, no tenemos sentido de identidad propia ni de base. Los niños necesitan reafirmación y refuerzo de parte de las figuras principales con las que se identifican".

Las maestras de sus hijos son también buenos recursos para usted. Usted debe saber qué está sucediendo en la escuela de sus chicos, y sus maestras deben estar enteradas de las situaciones del hogar, de forma tal que su hijo reciba la atención que requiere. Por ejemplo, si una maestra está informada de que ha habido un divorcio o separación en su familia, va a estar pendiente de cualquier cambio emocional o de comportamiento de su hijo. Esa maestra podrá informarle a usted qué está sintiendo su hijo sobre el divorcio o separación, y puede ofrecer sugerencias de cómo llevar los asuntos en el hogar. Tal vez un consejero escolar puede ayudar. Si usted no sabe suficiente inglés, y la maestra de su hijo no sabe suficiente español, pídale a alguna amistad que le sirva de traductor.

Una madre soltera con cuatro hijos, uno de los cuales tenía serias condiciones médicas, tenía una vecina bondadosa que con su sola presencia en la casa era suficiente. Esta se encargaba muchas veces de poner a lavar una tanda de ropa, de hacer una comida o de atender a uno de los bebés que lloraba. Una pareja de divorciados pudo dejar a un lado el dolor del divorcio y anteponer primero que nada las necesidades de sus hijos, y se ayudaban mutuamente. Los chicos están mitad de la semana con su madre, y la otra mitad con el padre; los fines de semana los alternan.

Lo importante es darse cuenta de que hay ayuda disponible. Si está criando a sus hijos sin su padre, tiene que reconocer que necesita ayuda y hacer lo que tenga que hacer para conseguirla. A veces todo lo que necesita para obtener algo es pedirlo.

Deborah Castillero: El apoyo de papá a la cultura es esencial

Deborah nació en EE. UU. y creció en Rochester, NY. Su padre es blanco y americano y su madre es de Panamá. La madre de Deborah la envió a vivir con su abuela en Panamá a los siete años. Ella pasó ese verano en un pueblito llamado Guararé. "Llegué ahí como una gringa sin saber nada de español y regresé hecha toda una latina-gringa que hablaba español con fluidez y que se había enamorado de la cultura", cuenta Deborah.

A pesar de haber crecido en EE. UU., Deborah se crió con las dos culturas. Su mamá proviene de una familia grande que se reunía todos los fines de semana. En esas reuniones se hablaba español todo el tiempo y abundaban la música y la comida típicas latinas. Además, por medio del trabajo de su mamá para el distrito escolar de Rochester, Deborah estuvo expuesta a eventos culturales y educacionales hispanos. "Haber sido expuesta al español y a mi cultura latina desde pequeña ayudó a que me identificara con mis raíces," dice Deborah. "Esas experiencias definieron la mujer que soy, la hija y la amiga en la que me convertí".

Y también su rol de madre soltera. El hijo de Deborah, ahora adulto, creció con dos culturas, la americana y la panameña. "Hubo muchos viajes a Panamá que nos ayudaron a sentirnos conectados con la cultura. Tener dos culturas significa que puedo vivir en dos mundos, algo que encuentro muy enriquecedor. Yo quise lo mismo para mi hijo".

Desde que su hijo era pequeño, Deborah y él pasaron cada verano en Panamá con la familia, donde estaba expuesto al idioma y a la cultura. En casa, ella siempre tenía música latina y regularmente llevaba a su hijo a festivales culturales, como lo había hecho su mamá con ella. "Su comida favorita es la la comida latina. En la casa siempre se hablaba el español y siempre había una niñera que le ayudaba a perfeccionar su fluidez", explica Deborah.

Desde siempre, el ex marido de Deborah y padre de su hijo apoyó su crianza bilingüe y bicultural. "El padre de mi hijo adora la cultura latina y siempre apoyó mi persistencia".

Al preguntarle a Deborah si fue difícil balancear ambas culturas en casa, respondió, "Para mí nunca fue una obligación, sino más bien una expresión natural que me ayudó a desarrollar aprecio por mi cultura. En casa, había dos maneras de decir las cosas: ¡español e inglés!"

Hoy día, Deborah se considera una gringa-latina que siempre está entre una cultura y la otra. Es la fundadora y directora ejecutiva de Tipi Tom Tales, una compañía dedicada a exponer a niños en edad preescolar a una segunda lengua.

Consejos para padres inmigrantes solteros

1. Reconozca que criar usted solo a sus hijos significa que necesita ayuda.
2. Acepte que está permitido pedir ayuda.
3. Haga una lista de gente que usted considere correcta y apropiada, y en la que usted pueda confiar, para pedirles ayuda cuando la necesite. Considere a miembros de su familia, vecinos, amigos, compañeros de trabajo y de la Iglesia.
4. Visite su Iglesia más cercana y/o la biblioteca, hable con el director de actividades de ambos lugares, pregúntele qué

tipo de programas ofrecen para niños y familiares. ¡Apúntese a uno!

5. Visite el centro comunitario de su localidad y averigüe sobre los programas recreacionales dirigidos a los niños. ¡Apúntelos!

6. Hable con sus hijos regularmente. Escuche lo que ellos tienen que decir.

7. Averigüe cómo se sienten sus hijos en relación a sus amigos, su escuela, su vida en casa, y cómo es vivir entre dos culturas. No tenga miedo de hablar de la ausencia de un padre en sus vidas, si ese es el caso. O, si es la situación, no tema hablar de vivir en dos casas. Lo más importante es tener una línea abierta de comunicación y que sus hijos se sientan libres de expresar sus sentmientos.

8. Sea honesta y humana. No hay problema con que sus hijos sepan que está cansada, usted es un ser humano. Está bien perder los estribos ocasionalmente. Si usted siente que ha sido muy áspera con ellos, al final del día cuando los acueste a dormir, dígales que se arrepiente de haber perdido la paciencia y que los ama.

9. Dígales a sus hijos que los ama, ¡TODO EL TIEMPO! Pero manténgase firme y consistente en sus reglas, aunque esto es más difícil de conseguir cuando una es madre soltera. Los niños necesitan amor, pero también necesitan reglas y estructura.

10. Promueva la relación entre su hijo y su padre, especialmente si usted no tiene una buena relación con su ex pareja. Trate de mostrar respeto hacia el padre de su hijo, aunque no sienta deseos de hacerlo. Eso va a ser muy importante para su hijo, va a demostrar cortesía hacia su padre, y por otro lado va a dar un ejemplo magnífico de cómo tratar a las personas de forma cortés y con un comportamiento maduro.

Mi diario de crianza

Criar niños solos es una responsabilidad muy grande. Esa decisión es difícil y abrumadora. Entienda que no está sola, y que no tiene por qué estar sola. Mientras reflexiona sobre las historias y relatos que acaba de leer, medite sobre las similitudes que existen entre estos y su historia, y anote sus sentimientos y preocupaciones. A continuación hay unas sugerencias para usted:

1. ¿Estoy siendo la mejor madre que puedo ser?
2. ¿Me siento a veces abrumada y con necesidad de ayuda?
3. ¿Me doy tiempo para buscar ayuda y aceptar la ayuda que otros ofrecen?
4. ¿Estoy buscando oportunidades para que mis hijos interactúen con otros niños en situaciones similares y puedan entender que no están solos?
5. ¿Existe algún hombre en la vida de mis hijos que les sirva como modelo? Si no existe, ¿por qué no? ¿Cómo puedo cambiar eso?
6. ¿Saco tiempo para hacer algo para mí?
7. ¿Examino mi vida y, al hacerlo, siento que estoy tratando de enseñarles a mis hijos a hacer las cosas mejor?

Capítulo 8: Hogar dulce hogar: Ventajas y desventajas de visitar nuestro país de origen

"Me encanta ir de visita a mi casa, a mi país. Pero después de tantos años en EE.UU., tengo sentimientos encontrados... No me gustaría volver a vivir allá".

— *Magali, 56 años*

Ir de visita a nuestro país es un lujo que muchos no se pueden permitir. Sin embargo, creo que es importante hablar de cómo nos sentimos al regresar a nuestro país de origen. Dependiendo de las circunstancias, visitamos a nuestros familiares porque queremos hacerlo o sencillamente porque es lo correcto. A veces queremos ir, pero no podemos hacerlo. No tenemos los papeles, no hay tiempo para viajar, o no queremos cruzar la frontera porque nos asusta no poder regresar. Para algunos resulta muy caro regresar, y tienen que pasar muchos años antes de que puedan hacerlo. Como padres, debemos criar a nuestros hijos con la idea de que podría haber visitas futuras a la familia y que si podemos concretar esos viajes, deberían mostrarse emocionados y agradecidos por esa oportunidad. Después de todo, la vida que conocen aquí no es la misma vida que verán cuando regresen a su país. Nuestros chicos deben entender y apreciar las diferencias. Los chicos aprenden del ejemplo. Si nosotros mismos estamos entusiasmados por ir a visitar a nuestra familia, ellos crecerán entusiasmados también por esas visitas. Depende de nosotros enseñarles las diferencias y similitudes que existen entre ambos mundos y cómo bregar con ellas.

"Recuerdo la emoción de ese regreso a casa, ese sentimiento de que mi estadía en los EE. UU. era temporal, y que mi casa era donde yo había nacido", dice la Dra. Ana Nogales. "¡Desde que abordé el avión, quería aferrarme a la idea de que estaba ya de vuelta a casa para siempre!"

De acuerdo a Nogales, este es un sentimiento muy común entre los inmigrantes nacidos en áreas geográficas cercanas a los EE. UU., ya que pueden ir y venir con frecuencia, a diferencia de los otros inmigrantes. Sin embargo, a medida que el tiempo pasa, los inmigrantes establecen nuevos vínculos donde viven, y el hogar cambia de ubicación. Su hogar viene a ser el lugar donde usted vive, donde ha criado a sus hijos y ha trabajado, donde se levanta cada mañana a tomarse una tacita de café, y donde duerme todas las noches luego de un largo día de trabajo. El hogar es donde usted se establece, ya no es donde usted nació. "Pasan muchas cosas que le hacen a uno sentirse así", dice Nogales, "y usualmente es un proceso que dura toda la vida, ya que muchos realmente no se desconectan totalmente de sus raíces".

La adaptación no es fácil. Va a experimentar sentimientos encontrados sobre cuál es su "hogar", y sus lealtades irán de un sitio a otro, o probablemente sentirá que está traicionando un sitio si el otro es más importante para usted.

Para el inmigrante, los primeros seis meses en un nuevo país son un periodo de luna de miel, hasta que la realidad se adueña de la situación, y el inmigrante comienza a extrañar su país. Desgraciadamente, muchos inmigrantes no pueden regresar a su patria, y eso contribuye a la idealización de lo que dejaron atrás, llegando a pensar que lo que quedó en su país es mejor que lo que encontraron aquí. Muchos regresan al cabo de diez o veinte años y se desilusionan porque los recuerdos que tenían de su país chocan con la realidad.

Mi amiga Cecilia admite que lo que más ha extrañado ha sido su familia, especialmente a su madre, y a sus amigos de la infancia. "Esa clase de amistad sobrevive la distancia y el tiempo". Pero cuando le preguntan si volvería a Argentina, país del que emigró, su respuesta es categórica: "No, nuestra vida está aquí, en los EE. UU. Tenemos una vida mejor aquí, más cómoda. Pero siempre vamos a visitar". Cecilia cree firmemente que la mejor herramienta para encontrar un balance que tiene el inmigrante actual es la tecnología. "Facebook y Skype me permiten estar en contacto a menudo con mi familia y amistades, sin mucho esfuerzo. Me puedo sentar a tomar un café con mi hermana, o cocinar con ella, ¡estando ella allá y yo acá!".

Yulisa estaba en la escuela secundaria cuando emigró hacia los EE. UU. proveniente de la República Dominicana. A los tres años regresó a visitar por primera vez. "Fue muy difícil dejar a mis amistades de la infancia y a mis amigos de la escuela secundaria", revela Yulisa. Cuando regresa a los EE. UU., Yulisa trae café y un corazón repleto de amor y felicidad. "No puedo explicar el sentimiento, pero regreso llena de amor y feliz de estar viva. Estar rodeada de mi gente tiene ese efecto en mí, y lo atesoro". Dice que le gustaría regresar un día. "No hay nada como nuestra gente, nuestra comida y nuestra cultura. Sí, algún día regresaré para siempre".

Las próximas tres historias son ejemplo de cómo algunos de nosotros hemos llevado el regreso a nuestro país de origen, y cómo hemos encontrado el balance de dos culturas en nuestro hogar. Probablemente le recuerden su propia historia.

Kela: Volver a su país de origen es una tradición

Kela llegó a los EE. UU. proveniente de El Salvador en 1983, huyendo de la guerra. Había perdido a su esposo y su hogar. Unos guerrilleros capturaron a su esposo y quemaron su casa. Perdió todas sus pertenencias, y hubiese perdido la vida y la de su bebé de diez meses si no hubiese escapado de su casa antes de que los soldados irrumpieran en ella. La decisión de abandonar su país fue difícil, pero como su hermana ya estaba en los EE. UU., Kela decidió seguir sus pasos y tratar de buscar una vida mejor para ella y para su hija. Igual que muchas madres inmigrantes, tuvo que dejar atrás a su bebé. Sus padres se hicieron cargo de la bebé cuando Kela cruzó la frontera y comenzó su nueva vida. "Me tomó diez años regresar", dice Kela. "Para ese entonces la guerra había finalizado y mi familia había emigrado a un pequeño pueblo cercano. Ellos también lo habían perdido todo durante la guerra". Kela todavía recuerda el momento cuando el avión comenzó a aterrizar en San Salvador. "Jamás olvidaré la vista desde el avión. Estaba finalmente en mi país, en mi hermoso país", recuerda

Kela. "La emoción me sobrecogía, era abrumadora. Estaba feliz". Su regreso fue agridulce. "Me trajo de nuevo todos los recuerdos, y el por qué me había ido. Hasta el día de hoy, mi esposo de aquel entonces no ha sido encontrado".

Luego de aquella primera visita y finalizada la guerra, fue mucho más fácil para Kela regresar a su país. Su permiso de trabajo le permitía viajar libremente. "Lo peor era dejar a mi hija Carla", recuerda Kela. "La niña tenía 3 años cuando finalmente volví a verla. Vino a vivir conmigo pero no funcionó porque yo estaba muy ocupada trabajando para ganar dinero y tratando de adaptarme a la vida en este país; no podía hacerme cargo de ella". Dos años más tarde, Carla regresó a El Salvador, y vio a su madre una vez al año desde que cumplió diez años, cuando esta visitaba su país, hasta que vino a vivir a los EE. UU. a los diecisiete años de edad.

A Carla le costó mucho adaptarse a su nueva vida en los EE. UU. porque no hablaba inglés, y apenas conocía a su madre. Además, tenía tres hermanas menores con las que debía aprender a convivir. Y sus hermanas eran americanas. Se sentía rechazada y marginada, y lloraba constantemente. Kela trataba de ayudarla y alentarla, pero pasó mucho tiempo hasta que Carla encontró un balance y se sintió realmente "en casa". Su novio de El Salvador vino tras ella, y la chica quedó embarazada. Se mudaron para San Francisco, y más tarde a Denver, en donde Carla terminó la universidad. Se casó con su novio y tuvieron dos hijos. "Nuestra relación es mucho mejor ahora", dice Kela. "Somos más amigas que madre e hija. Algo es algo".

"Mis hijas han crecido entre dos culturas", afirma Kela, "incluyendo a Carla. Cada año que viajaba a verla, llevaba a sus hermanas conmigo. Quería que fueran una familia. Quería que mis hijas nacidas en EE.UU. apreciaran sus raíces y su herencia. Mi esposo, a quién conocí en los EE. UU., es también salvadoreño, por lo que para ambos era importante que nuestras hijas apreciaran ambas culturas. Ambos escapamos horribles condiciones de vida en los años 80". El segundo esposo de Kela, y padre de sus tres hijas menores, es el padre adoptivo de Carla. "Él la ha querido como un padre y trató de ayudarla a adaptarse".

A Kela le encanta traer comida de El Salvador. Su favorita es el pan dulce, quesos y cremas. "Sabe mucho mejor cuando viene de allá". También trae artesanías, hechas a mano, "todo es precioso".

Kela ha visitado su país una vez al año, por siete años consecutivos, para ver a sus hermanos. "En mi país tenemos una tradición. Cuando muere uno de los padres, cada año vamos para reunir a la familia y honrar al fallecido. Esto nos da la oportunidad de estar cerca de nuestras raíces", relata Kela.

Cándida: Añoro mi país

Cándida lleva dieciocho años en los EE. UU. Igual que Kela, tardó diez años en regresar de visita a su país, Nicaragua. "Siempre estaba en mi mente regresar y visitar", afirma Cándida. Haber pasado tanto tiempo sin visitar su país tuvo un fuerte impacto emocional. "De repente estamos tan cautivados con nuestra vida acá, que es muy fácil sentir que somos más de aquí que de allá. Pero uno siempre añora su vida anterior", confiesa Cándida.

Lo que más extrañaba Cándida eran su familia y sus amistades. La puesta del sol de su país le hacía falta. "No puedo explicarlo. El cielo es más azul, y cuando cae el sol, es algo mágico". La adaptación de Cándida a su nueva vida fue muy positiva. Aprender el inglés fue un poco difícil, pero estaba decidida a hacerlo. Cándida aprendió el idioma mayormente en su trabajo, ya que desde que llegó de su país trabajó con familias del vecindario ayudándoles en la crianza de sus hijos. "Algunos de estos chicos son hoy jóvenes adultos, y eran bebés cuando comencé a cuidarlos. Ha sido una experiencia bien gratificante. Me he encontrado con mucha bondad aquí", cuenta Cándida.

Al abandonar Nicaragua, Cándida dejó atrás a su hijo mayor, Luis, que en ese momento tenía 6 años, y no volvieron a reunirse hasta que este era un adolescente. "Estaba resentido y por un largo tiempo no me apreció", confiesa Cándida. "Le era muy difícil entender por qué tuve que partir". Cuando le pregunté qué hizo para lograr salvar su relación con Luis, me contestó: "Le pedí perdón. Le expliqué el por qué de las circunstancias. Ya era mayor y pudo entender y perdonar". Luis asistió a la escuela secundaria en los EE. UU., y luego regresó a Nicaragua por unos cuantos años, hasta que finalmente se estableció en este país. Cándida volvió a casarse y tiene otro hijo, Geanly, nacido aquí. "He criado a mis dos hijos con dos culturas. Sus vidas se han enriquecido por crecer aprendiendo a apreciar su herencia, y las vastas oportunidades que EE.UU. les ha ofrecido". Los familiares de Cándida en Nicaragua se sienten orgullosos de tener familia que vive en los EE. UU. "Venir aquí para buscar una vida mejor es el sueño de mi gente en Nicaragua. Cuando alguien lo cumple, se considera un gran logro. Ahora estamos aquí, pero algún día volveremos para siempre a mi país", afirma Cándida.

Mi historia

Cuando me fui de Puerto Rico, tenía veintiún años. Me dirigí a California para proseguir mis estudios universitarios. Nunca fue mi intención ni mi interés quedarme allí. Iba a estudiar, terminar, empacar mis maletas y ¡regresar a CASA! Afortunadamente, la vida tenía otros planes para mí. ¡Me enamoré! Luego de la boda en mi ciudad natal de Ponce, Puerto Rico, regresé a California. Mi esposo y yo hemos formado nuestra vida aquí, y treinta años después, Los Ángeles es mi hogar. Soy una de las afortunadas que logra viajar a Puerto Rico a menudo. Cuando mis hijos eran pequeños íbamos todos los veranos. En los últimos años visitamos mi país durante las festividades navideñas. Es realmente divertido visitar a mi familia y disfrutar de todas las actividades tradicionales de esa época en mi país, y más que nada de su deliciosa comida. La isla entera está de vacaciones durante las festividades, y es una gran fiesta tras otra.

Lo que más disfruto es el aspecto familiar y la reunión con los amigos cercanos. Es el momento de reconectar y honrar nuestras tradiciones: la comida, las reuniones, las actividades, todo gira alrededor del significado real de la Navidad. Allá todo parece más espiritual y solemne. ¡Claro que hay fiestas! Y el nivel de ruido es enorme, las risas son estridentes y todos están felices y de buen ánimo. Pero aunque la atmósfera es muy festiva, las almas pisan firme en lo religioso y sagrado de la época. Por lo menos así me siento mientras estoy allí. Hay énfasis en asistir a las Misas de Aguinaldo, que son las misas tradicionales de las 5:00 de la mañana, que se efectúan en casi todas las iglesias católicas durante los días 15 a 23 de diciembre. La Nochebuena es un evento familiar grande e importante, al igual que lo es asistir a Misa el día de Navidad, y visitar a la familia. Es la manera que tenemos nosotros, los puertorriqueños, de honrar a nuestra familia y a nuestras amistades cercanas, que son nuestra familia extendida.

Durante las festividades navideñas en la isla, comemos mucho cerdo asado a la varita, arroz con gandules y pasteles hechos con plátanos verdes majados y rellenos de aceitunas, pollo o cerdo. También comemos mofongo, (esto es algo que comemos regularmente), que no es otra cosa que una mezcla de plátano verde, ajo y pedacitos de tocineta, aplastados y amasados, que en ocasiones se puede rellenar de mariscos. Este plato de mofongo relleno de mariscos es uno de los favoritos de mi esposo. Mientras estoy de visita, mi mamá me cocina todas las comidas con las que yo crecí, y que se han convertido en alimentos básicos en mi propio hogar: arroz con pollo, habichuelas, lomo encebollado, y mi favorita, carne mechada. ¿La comida favorita de mi familia? Los camarones al ajillo y arroz blanco que hace Abi, (ese es el nombre que mis hijos le pusieron a mi mamá).

Luego de unas semanas en mi patria siento que he recargado mis pilas con el amor de mi familia y mis amistades cercanas, y estoy lista para regresar a casa. Sin embargo, siempre hay un sentimiento de nostalgia cuando el avión despega desde San Juan, especialmente ahora que mis padres están más viejitos. California es mi hogar ahora y eso no va a cambiar. Pero siempre regresaré a visitar. Es una tradición familiar.

Consejos para el padre inmigrante

1. Reconozca y acepte que probablemente pasarán muchos años antes de que pueda volver a visitar su país.

125

2. Si el dinero es el mayor obstáculo, comience a ahorrar, aunque solo pueda guardar una cantidad pequeña. Pequeñas cantidades se convierten en grandes sumas.

3. Durante la planificación del viaje de regreso a su hogar, esté abierto al mar de sentimientos que le va a embargar. Probablemente experimentará una gama de sentimientos distintos: miedo, pesadumbre, alegría y nostalgia. Cualquiera que sea el sentimiento experimentado ante el regreso a su hogar, trate de aceptarlo.

4. Mientras espera su visita, mantenga el contacto con su familia. Llame, escriba, envíe correos electrónicos. Aproveche y utilice la nueva tecnología. Esto les demuestra a sus hijos que está preparada para aprender a usar la nueva tecnología, y les enseña lo mucho que significan para usted su familia y su país de origen.

5. Reconozca que cuando vaya a visitar, será solo eso, una visita. Es temporal y no significa regresar a casa para siempre.

6. Recuerde enseñarles a sus hijos a amar sus raíces. Hábleles de su país de origen, de lo que van a encontrar y experimentar una vez lleguen allí. En otras palabras, cuénteles qué es lo que van a ver, saborear y oler.

7. Prepárese para sentir emociones intensas. La vuelta a los EE. UU. despertará en usted algunos de los sentimientos que experimentó al recién llegar a este país, y probablemente provocará nuevas y fuertes emociones.

8. Hable con su familia y amigos sobre lo que está sintiendo, aunque sea difícil expresarlo en palabras.

9. Prepárese para contestar las preguntas de sus hijos sobre las diferencias y similitudes entre EE.UU. y su país de origen, el por qué usted tomó la decisión de venir a este nuevo país y las razones que tiene para quedarse aquí.

10. Recuerde que su objetivo primordial es lograr balancear ambas culturas: sentirse como de aquí y de allá.

Mi diario de crianza

Indudablemente, ir a casa de visita tiene sus ventajas y desventajas. Cuando usted reflexione sobre las historias que acaba de leer, piense en su propia vida, en sus experiencias y en cómo puede ayudar a sus hijos a encontrar ese balance entre su amor por su país americano, y su amor por su herencia. Aquí tiene unas preguntas para ayudarle a meditar sobre estos temas:

1. ¿Cómo me siento al ir de visita a mi hogar?
2. Si ir a visitar mi patria no es posible, ¿cómo me siento por no poder ir? Tal vez pueda ayudarle imaginar cómo sería el regreso a su país. Piense en la gente que verá, las comidas que comerá, la música que escuchará. Probablemente esas imágenes puedan servirle de consuelo.
3. Haciendo una instrospección, piense si ha dedicado tiempo para explicarles a sus hijos por qué ha venido a este país, y cuáles han sido los beneficios que ha encontrado aquí.
4. ¿Les he hablado a mis hijos sobre mi niñez, mi familia y las tradiciones de mi país de origen?
5. ¿Les he contestado a mis hijos, pacientemente, todas sus preguntas relacionadas a mi vida en mi país nativo versus mi vida aquí, y el por qué vamos de visita a mi país?
6. ¿He sido totalmente clara con ellos al decirles que regresaremos a EE.UU.?

Capítulo 9: De *Boomers* a *Millennials*: Los beneficios y ventajas de ser bilingüe y bicultural.

"Hasta el día de hoy, mis hijos 'Millennials' me agradecen que les haya ayudado a entender la importancia de conservar nuestro idioma y costumbres, por ejemplo; frijoles y arroz con pollo en Nochebuena. Ahora ellos están viendo los frutos de las tradiciones, el idioma y la cultura que llevan arraigada en su ADN y que deseo pasen a sus hijos".
— *Teresa Rodríguez, co-presentadora de la revista semanal Aquí y Ahora de Univisión.*

¿Cuáles han sido las ventajas de ser bilingüe y bicultural para los padres *Baby Boomers* y sus hijos, los *Millennials*, en una sociedad multicultural? En este capítulo, me gustaría compartir las historias de padres e hijos que hablan sobre este tema con su propia voz. Es mi deseo que las siguientes historias les animen y motiven aún más para seguir en el camino de criar hijos biculturales.

Betty Galván

Betty es madre mexicana-americana de tres hijos que crió en Chicago. Sus padres emigraron a los Estados Unidos de Morelos, Cuernavaca, México. Aunque su padre domina perfectamente tanto el inglés como el español, su madre apenas puede mantener una simple conversación en inglés y prefiere que la identifiquen como hispanohablante. Betty se crió en una casa donde principalmente se hablaba en español. "Mi padre nos prohibía hablar en inglés en casa y nunca se identificó como americano, ni a nadie de nuestra familia". Con el paso de los años, poco a poco se ha ido haciendo a la idea de que es más americano que mexicano, pero hasta el día de hoy, solo se habla español en su casa. Hablan en español incluso con mis hijos, sus nietos", cuenta Betty.

Cuando Betty era niña, no entendía por qué su padre estaba tan empeñado en que mantuviera el idioma español. Pero para cuando tuvo la edad suficiente para rebelarse había entendido ya la importancia del dominio de los dos idiomas. Además estaba inmersa en la cultura. "Vivimos en un vecindario predominantemente mexicano en Chicago, o en las afueras, por mucho tiempo. No empecé a mezclarme con otras culturas hasta que fui a la escuela secundaria", explica. Para entonces a su padre le preocupaba la mala influencia que las americanas o güeritas pudieran ser para ella y no le gustaban sus amistades. Pero ella no estaba de acuerdo con su padre. "Diría que al ver que no había diferencias entre mi cultura y la de otros a una edad temprana, estaba más abierta a aprender sobre otras culturas, ¡y también me entraron ganas de viajar y conocer otros países!".

Antes de empezar a viajar tenía que terminar sus estudios. Betty asistió a una escuela latina en su ciudad natal en Cicero, Illinois. Después pasó a ser una de los pocos estudiantes mexicano-americanos que estudiaban inglés en la Universidad de Loyola en Chicago en el año 2000. "Cuando solicité la plaza, me identifiqué como latina", afirma.

Betty cree que el hecho de dominar tanto el inglés como el español a la perfección le ha supuesto una gran ventaja en el mundo laboral: "En cada trabajo que he tenido, desde el primero a los quince años, en una tienda de dulces local, cuyos propietarios eran blancos, hasta mi primer trabajo de profesora en un vecindario principalmente latino, siempre me he beneficiado de mi capacidad de hablar español".

Hoy en día, Betty es madre de tres hijos. Los está criando en dos culturas. "Enseñarles dos idiomas es más difícil pero mis hijos lo intentan. A diferencia de mi niñez, mis hijos sí pueden hablar inglés en casa. Mi hijo mayor de ocho años domina el español a la perfección. Mis otros dos hijos de tres y cuatro años se esfuerzan mucho en hablar español lo más posible. Es importante para mi esposo y para mí que hablen con fluidez los dos idiomas. Pero en vez de forzarles a hacerlo como lo hacía mi padre, les animamos a que lo hagan teniendo la Hora de español. Mi madre solía leernos en español todo el tiempo y cuando yo les leo a mis hijos recuerdo esos tiempos. Quiero lo mismo para mis hijos", añade.

Aunque el bilingüismo es un reto para la familia Galván, se han comprometido y están trabajando para conseguirlo. "A mi marido y a mí nos gusta decir que nos falta un tercio del camino para criar unos hijos bilingües. Otro reto es asegurarnos de que nuestros hijos adquieran la cultura mexicana en un entorno sin familiares ni influencia mexicana. Hacemos lo posible para enseñar a nuestros hijos nuestra cultura mexicana a través de libros y viajes", asegura Betty.

Los Galván usan música como una herramienta para enseñar a sus hijos la cultura mexicana. Escuchan música mexicana, leen libros y les cuentan historias sobre sus abuelos. "Aún tenemos familiares en México y queremos que nuestros hijos sepan lo que México ha contribuido al mundo y lo geniales que son los mexicanos: trabajadores y amables. Queremos que estén orgullosos de sus raíces", dice Betty.

Además de criar a sus niños bilingües, Betty es fundadora de MyFriendBettySays.com, un blog sobre estilo de vida para mamás estilosas e inteligentes. "He tenido la maravillosa oportunidad de poder quedarme en casa con mis hijos cuando mi marido y yo decidimos tener una familia", cuenta Betty. "Decidí crear un blog para compartir mis experiencias como madre expatriada en Japón en el 2007. Escribir un blog me ha permitido cambiar de carrera y dirigirlo todo desde mi oficina en casa. Escribo un blog, trabajo por cuenta propia, soy contratista independiente, y consultora en medios sociales. La mayoría de los trabajos tienen que ver con la comunidad latina. El español es esencial en todo lo que hago y estoy muy agradecida por la suerte que tengo de dominar los dos idiomas".

Y añade Betty, "Creo que criar niños biculturales les enseña a ser más tolerantes hacia otras culturas y razas. El bilingüismo les ayuda a estar más abiertos a diferentes intereses y a viajar, y de este modo les diriges a un mundo de infinitas posibilidades. Me gustaría enfatizar la importancia que tienen los padres a la hora de apoyar, animar e inculcar la importancia de la educación a sus hijos. Los latinos necesitan que las generaciones futuras estén preparadas y tengan una buena educación para tener un papel mayor en nuestra sociedad".

Víctor y Julián Oquendo

Los hermanos Víctor y Julián se criaron en Miami, Florida. Su madre, Teresa Rodríguez, es una personalidad televisiva de habla hispana que nació en Cuba pero se crió en Miami. Su padre, Antonio Oquendo, nació en Santiago de Cuba. Vino a los Estados Unidos en su adolescencia. Ambos padres se criaron bilingües y de igual modo criaron a sus dos hijos con ambas culturas y lenguas.

"Me crié hablando los dos idiomas y nunca hubo un idioma predominante en familia. Dependía de la circunstancia y el tema, recuerda Víctor, el mayor de los dos hijos. "Pero le puedo decir que cuando mi hermano y yo nos metíamos en líos, el castigo siempre se dictaba en español".

Julián admite: "Sí recuerdo que cuando hablábamos con nuestros padres en casa, tenía que responder en español, pero cuando hablaba con mi hermano o con mis amigos hablábamos en inglés. Mi padre era muy estricto en cuanto a hablar en español. En cuanto llegaba a casa del trabajo, hablábamos más en español que en inglés. Incluso intentaba hacer que mis amigos hablaran en español, sin darse cuenta de que ellos no lo hablaban. Era muy chistoso a veces, ¡especialmente cuando automáticamente hablaba en español con mis amigos libaneses!"

Por la forma en que Julián y Víctor se criaron, desde edad temprana entienden la importancia de ser bilingües y biculturales. Ambos padres trabajaban para el canal de televisión Univisión, y muchos de sus colegas eran personalidades muy respetadas en el mundo de la comunidad hispana de Miami. "Siendo el mayor de los hermanos pude apreciar la ventaja que supone dominar dos idiomas", dijo Víctor. "Me fue muy útil en las clases más avanzadas en la universidad, en situaciones de la vida real, para hacer nuevos amigos o cuando viajaba a países de habla hispana e incluso para sacar a mis amigos de apuros".

A Julián le resultó más difícil. Él quería ser como sus amigos y hablar solo en inglés con ellos. Pero entendía lo que sus padres estaban intentando hacer. "Uno de los retos de criarse en los Estados Unidos siendo hispano es que asistes a escuelas de habla inglesa donde todas las actividades son en esa lengua. Si no tienes una base de habla hispana firme en casa, puedes perder fácilmente el uso del español", explica. En la universidad, ambos hermanos pudieron usar el dominio de su segunda lengua para destacar. "Hice muchos amigos en la universidad porque cuando escuchaba a alguien hablar en español en los dormitorios, iba y me presentaba", cuenta Víctor.

"En la universidad, me centré también en una clase de español, así que aprovechaba mis clases y hablaba con mis compañeros en español un par de horas a la semana para poder practicar mientras estaba lejos de casa", añade Julián.

"En mi opinión", dice Víctor, "ha llevado un tiempo, pero las universidades y negocios en Estados Unidos finalmente se han dado cuenta del valor añadido que supone la diversidad que las diferentes lenguas traen consigo. En algunos casos, como en el mío, ser bilingüe es obligatorio". Hoy, Víctor es reportero y periodista para el canal WPLG de noticias locales en Miami, de la cadena ABC, y su habilidad de comunicarse en ambas lenguas le ha servido para poder realizar entrevistas importantes en cualquiera de los dos idiomas.

Julián está de acuerdo en que "La mayoría de los países hoy en día prefieren un candidato para un puesto de trabajo que sea bilingüe a uno monolingüe". Julián, que está encauzando su carrera hacia la industria de la música, cree que ser bilingüe y bicultural le ha preparado para este momento en su vida. "Estoy a punto de mudarme a Los Ángeles y llevo viviendo en Nueva York desde hace un año. Mis experiencias en Nueva York se han beneficiado mucho de mi dominio del español. Me ha abierto muchas puertas para conocer a gente influyente. Creo que me ocurrirá lo mismo en Los Ángeles".

La madre, Teresa Rodríguez, periodista y ganadora de varios premios periodísticos, también está de acuerdo: "Mi primer trabajo fue en el canal de noticias local PBS en Miami. Era reportera bilingüe para el programa, *The Nightly Business Report*, que aún existe. Estaba ahí cuando la cadena CBS me llamó para entrevistarme para un puesto que resultó ser el comienzo de una larga y exitosa carrera de periodismo televisivo. Ser bilingüe y bicultural, desde luego fue una gran ventaja".

Ambos hermanos animan a las generaciones más jóvenes a que no pierdan su herencia hispana. "Nuestros padres nos obligaron a dominar el inglés y el español por igual. Y nos enseñaron a amar y apreciar ambas culturas, tanto la hispana como la americana. Esa fue una de las mejores cosas entre muchas que nuestros padres hicieron por nosotros", dice Víctor.

Jeannette Kaplun

Jeannette nació en El Paso, Texas, pero sus padres son chilenos. Ambos son bilingües y la educaron en ambas lenguas: inglés y español. Jeannette y sus padres se mudaron de vuelta a Chile cuando ella tenía ocho años. Vivió en Chile hasta los veinticuatro años. "Recibí una educación bilingüe. Mientras vivíamos en Estados Unidos, mis padres me hablaban en español para que lo aprendiera. Cuando nos mudamos a Chile, asistí a una escuela americana y mi madre me solía hablar en inglés para que practicara. Tuve la fortuna de viajar a Estados Unidos al menos una vez al año durante las vacaciones de verano. Mi padre siempre prefirió el español al inglés", cuenta Jeannette.

Jeannette cursó todos sus estudios en Chile. Obtuvo una licenciatura de Ciencias Sociales de la Universidad Gabriela Mistral y otra en Comunicación y Periodismo de la Universidad Pontificia Católica de Chile. "Lo cierto es que en la universidad de Chile, no les importaba si era bilingüe o bicultural pero sí fue una ventaja al buscar trabajo. Ser bilingüe y bicultural hizo que destacara entre otros candidatos y siempre tuve presente la importancia de poseer ambas destrezas. Sentía que esto me ayudaba a tener una visión más amplia del mundo, a conocer más gente y a entender mejor otras culturas. Incluso decidí estudiar una tercera lengua, francés, en la escuela secundaria, y me encantó. Dominaba bastante bien el francés y mi primer trabajo pagado, mientras aún estaba estudiando periodismo, fue adaptar artículos para una revista del francés al español".

Jeannette cree que su mayor recompensa ha sido que no siente que el idioma sea una limitación. Trabaja en ambos idiomas, tanto en inglés como en español. Y se maneja perfectamente entre las dos culturas. Pero sabe que ser bilingüe tiene sus retos. Hay cosas, palabras y experiencias que no se pueden traducir. "A veces tu cerebro mezcla la gramática o la sintaxis. Aún peor es cuando por unos instantes te cuesta encontrar la palabra precisa en el otro idioma. Pero no lo cambiaría por nada. Por eso soy tan terca a la hora de querer criar a mis hijos bilingües y biculturales".

Jeannette y su marido peruano tienen un hijo de doce años y una hija de nueve. Ambos se están criando bilingües y estudian español en la escuela. "Nuestros dos hijos hablan inglés y español perfectamente, y mi hijo escribe en español a la perfección. Mi hija tiene algunos problemas a la hora de escribir pero no me preocupa porque es más pequeña. Lo que me encanta de verles crecer es que pueden comunicarse con gente de diferentes culturas y cambiar de un idioma a otro sin ninguna dificultad. Mi hijo, por decisión propia, dio un discurso en español para el setenta y cinco cumpleaños de mi suegro".

La educación es muy importante para su familia. Jeannette y su esposo siempre animan a sus hijos en sus estudios, les dicen que les pidan ayuda cuando no entiendan algo, y enfatizan la importancia de obtener una licenciatura universitaria. "La diferencia entre mis padres y yo es que yo estoy mucho más involucrada con mis hijos en el día a día. Cuando yo era niña había menos tarea y menos proyectos escolares".

Jeannette admite que mantener a sus hijos interesados en el aprendizaje del español es un reto: "Ellos prefieren hablar en inglés entre ellos y con sus amigos, aunque sus amigos provengan de una familia latina. Siempre intento encontrar maneras divertidas para que vean el estudio de una segunda lengua como algo interesante y no una lata. Aunque encontrar contenido relevante culturalmente siempre tiene su dificultad".

Durante las vacaciones, la familia viaja a Chile al menos una vez al año. "Es una experiencia maravillosa ver a mis hijos apreciar el lugar donde me crié, que prueben la comida que una recuerda de su niñez, y que conozcan a tus seres queridos. También es una oportunidad para que practiquen su español y aprendan nuevas palabras y expresiones

135

comunes del lugar. ¡Se sienten totalmente en casa en Chile e incluso ya saben algunas palabras feas! Lo peor siempre es despedirme de mis padres en el aeropuerto. Las lágrimas y abrazos de estas despedidas me parten el corazón", confiesa.

Jeannette comparte que haber sido criada en dos idiomas y dos culturas le ha ayudado profesionalmente. "He hecho televisión en los dos idiomas, y he tenido éxito dando conferencias también. Creo que ser bilingüe me ayuda a adaptarme a diferentes grupos de personas y público, lo cual es muy importante en el mundo de los negocios hoy en día". Ahora Jeannette es periodista, presentadora de programas televisivos, bloguera latina influyente, y cofundadora de Hispanaglobal. com, una pagina web para la mujer hispana moderna.

Por haberse criado apreciando sus raíces, su marido y ella se esfuerzan en exponer a sus hijos a la cultura e historia peruana y chilena. "Es parte de quienes somos. También compartimos con ellos nuestra herencia europea".

Jeannette recomienda a otros padres de niños pequeños: "Aunque es un reto y a veces una tarea ardua, vale la pena el esfuerzo de criar a los hijos bilingües y biculturales. No dejen de hablar su idioma natal en casa y sean un buen ejemplo. Si estás orgulloso de tus orígenes y lo demuestras, tus hijos harán lo mismo".

Gustavo Gutiérrez

Gustavo es un joven nacido en Zacatecas, México. Sus padres son de un pueblo pequeño llamado Los Reales, que también está en Zacatecas. Su padre es bilingüe, y a su madre, aunque entiende inglés, le da vergüenza hablarlo. El español es su lengua natal y le gusta comunicarse en ella.

Gustavo llegó a los Estados Unidos cuando tenía cuatro años. Fue criado bilingüe y bicultural. "Mi madre siempre me hablaba en español en casa. Mi padre también, pero a veces en inglés. Me decía que podía mejorar su aptitud para el idioma practicando conmigo", explica Gustavo.

Sin embargo, ambos padres sabían bien la importancia de dominar ambos idiomas. "Me solían decir, 'en casa hablamos español y en la escuela en inglés'. Y eso es lo que hacían". Pero no siempre fue fácil. "Recuerdo una vez que mis hermanos y yo estábamos hablando en inglés a la hora de la cena y mi padre nos echó una mirada, de esas que te dicen que has hecho algo mal. Mi madre estaba allí, y él pensó que era una falta de respeto hacia ella porque no entendía inglés. Entonces, delante de ella , nos prohibía hablar en inglés. Después de ese incidente, mi madre se apuntó a tomar clases de inglés. ¡Creo que se sentía mal porque mi padre se enfadaba tanto con nosotros!"

La madre de Gustavo aprendió suficiente inglés como para comunicarse un poco, pero Gustavo hacía de intérprete con frecuencia cuando iban al médico o cuando llegaba una carta. Reconoce que es bilingüe gracias al esfuerzo y determinación de sus padres: "Me di cuenta a edad temprana de las ventajas que supondría ser bilingüe y ahora aprecio lo estrictos que fueron mis padres en su empeño en conseguirlo".

Gustavo se crió en un entorno predominantemente latino. Sus amigos también eran bilingües y biculturales. En la escuela se relacionaba mayormente con chicos blancos. "Esos chicos estaban sorprendidísimos por mi capacidad de poder comunicarme en los dos idiomas. Querían saber más de mí y también cómo me estaba criando con experiencias tan diferentes de la norma".

Gustavo se considera mexicano-americano. Mexicano porque nació allá, y americano porque ha pasado el noventa por ciento de su vida en los Estados Unidos y se ha educado con muchas de las tradiciones americanas. "Me crié bicultural porque, aunque vivíamos aquí en los Estados Unidos y celebrábamos las fiestas y costumbres americanas, nunca olvidamos nuestras tradiciones mexicanas durante las fiestas. Vengo de una familia muy católica, así que también celebramos las fiestas católicas". Esto significa que su familia celebra las Posadas y los Reyes Magos en Navidad, y también fue bautizado y confirmado según la costumbre católica.

Gustavo cree que el haber sido criado en dos culturas ha afectado positivamente la manera en que vive su vida: "Soy ambicioso, luchador y tengo grandes sueños. No creo que mis padres nos trajeran a este país simplemente para ver qué pasaba, y hasta cierto punto creo que me influenciaron en mis deseos de salir adelante. Ser inmigrante en este país me ha ayudado a darme cuenta de que quiero ser diferente y luchar contra la idea equivocada que la gente tiene de los inmigrantes mexicanos: que vinimos a este país a llevarnos los trabajos de otros y que carecemos de educación".

Gustavo se graduó de secundaria con honores. Después asistió a la Universidad de Santa Clara y se licenció en Comunicación. Finalmente recibió una Maestría en Periodismo de la Universidad del Sur de California, siempre usando a su favor el hecho de que era bilingüe y bicultural porque esto le hacía diferente y único. "Recuerdo haber contado la historia de cómo emigré a este país y que era la primera generación que había asistido a la universidad. Mis padres se sintieron orgullosos".

Gustavo ha tenido muchas oportunidades laborales en los pocos años que han pasado desde que se graduó de la universidad. Ahora es encargado de Marketing mundial para una compañía internacional. "En las diferentes oportunidades de trabajo que se me han presentado, siempre he dicho que soy bilingüe y bicultural. Una persona como yo puede identificarse con mucha gente de diferentes entornos. En el mundo laboral, entendemos a los demás y eso es lo que quieren las empresas".

Los lazos con su familia son muy fuertes y Gustavo atribuye muchos de sus logros y disciplina a su hermana: "Aparte de mis padres, otro adulto que ha influido positivamente en mi vida ha sido mi hermana. Mi hermana ha sido un modelo a seguir, mi mejor amiga, y siempre me ha apoyado y, sí, es latina. Creo que mi hermana me ha allanado el camino para que pudiera seguir su ejemplo en los estudios y para llegar a ser un empresario de éxito. Siempre he podido contar con ella para hablar de mis planes futuros y siempre me ha recordado que sea bueno con los demás, que sea humilde y que nunca me olvide de mis orígenes".

Para los padres de Gustavo, fue fácil inculcarle el cariño por sus raíces. "Mis padres me ayudaron a apreciar la belleza de mi gente, mi cultura, la comida, la música, y las tradiciones. Nunca perdimos nuestra identidad. Mi padre siempre solía poner en el coche y en casa música tradicional como rancheras y corridos. Disfrutaba mucho los fines de semana porque se solía poner la música alta en casa y era como una fiesta. Vivíamos de manera humilde pero éramos extremadamente felices. Mi padre siempre ha sido aficionado a los caballos, así que yo siempre disfrutaba ir con él a rodeos, coleados, y un montón de otros deportes tradicionales mexicanos. Aún hoy en día seguimos yendo juntos a rodeos, y esa es una de las mejores experiencias porque de este modo conecto con mi padre y mantenemos conversaciones profundas e intelectuales. Solo entre nosotros".

Gustavo cree que el hecho de ser bilingüe y bicultural le brinda muchas oportunidades: "He aprendido a apreciar las pequeñas cosas y a no subestimar las oportunidades que se me ofrecen aquí en los Estados Unidos. Cuando tienes aspiraciones y sueños, no hay absolutamente nadie ni nada que pueda matarlos, solo la mente de un pesimista podría hacerlo. Mi conocimiento de dos culturas ha beneficiado mi carrera y puedo aportar esta diversidad a cualquier trabajo o reunión de la que forme parte. ¡Me encantan mis raíces mexicanas!"

Marinés Arroyo-Sotomayor

Marinés es de Puerto Rico, como yo, y sus padres son puertorriqueños. Su madre habla y entiende un poco de inglés, pero se crió monolingüe en español, igual que su padre. Marinés nació en la ciudad de Ponce, y se crió en Jayuya, hablando solo en español.

Marinés estudió en Puerto Rico hasta el tercer año de la universidad. Entonces fue al estado de Illinois como estudiante de intercambio, donde pulió sus conocimientos de inglés. Regresó a la isla para cursar su cuarto año de universidad y se graduó con la titulación de Ciencias de la Comunicación. Para entonces, Marinés ya era completamente bilingüe. Decidió continuar sus estudios en el estado de Florida, donde obtuvo una Maestría en Periodismo de Investigación.

"Cuando solicité empleos después de haber terminado mis estudios, siempre incluía que era bilingüe", cuenta. "Para mi primer trabajo, con la compañía AOL, tenía que saber escribir en ambos idiomas".

Aunque su plan era venir a los Estados Unidos a estudiar y después volver a su isla, le ofrecieron un trabajo justo después de licenciarse y acabó quedándose. Ahora tiene tres hijos, todos nacidos en Estados Unidos. "Mis hijos se están criando en los dos idiomas", cuenta. "Hablamos en español en casa y mi hijo mayor estudia inglés en la escuela. Los más pequeños escuchan español todo el día. Aún no asisten a la escuela".

Además del idioma, para enseñar a sus hijos su cultura hispana, Marinés los lleva de visita a Puerto Rico cada verano para que coman las comidas tradicionales. "Pero para mí, que dominen el español es lo más importante. Cuando mi hijo mayor empezó la escuela con dos años de edad, empezó a olvidar el español. La constante interacción con profesores y compañeros facilitó que eligiera el inglés. Con el tiempo, se hizo más difícil y empecé a cambiar cosas para que practicara el idioma". Ahora cuando Marinés y su hijo están solos, especialmente en el coche, conduciendo desde y hacia la escuela, aprovecha la oportunidad para hablar en español. "En la conversación incluyo cosas básicas, como los días de la semana. Le pido que diga las palabras que sabe en español, así puedo oír el sonido. Me encanta cómo pronuncia el español, pero le da vergüenza, así que en eso estamos trabajando". La familia también implementó "momentos en español" cuando van de paseo. Su hijo también practica español con una colección de DVDs y libros que su abuela le regaló.

Marinés esta enseñando a sus dos hijos y a su hija a amar el idioma español por motivos culturales y también porque cree que en el futuro será una ventaja profesional. "Mi hijo ya entiende que dominar los dos idiomas será una ventaja a la hora de tener ofertas de empleo, especialmente en Florida".

Anteriormente era editora en jefe de Huffpost Voces, pero ahora Marinés se está tomando tiempo libre del trabajo para criar a sus hijos.

"La universidad me preparó para el mundo bilingüe, pero tuve la suerte de aprender el inglés básico en una escuela del sistema público de Puerto Rico", dijo. "Me ha ayudado en mi carrera y estoy muy agradecida".

La historia de Rocío: Indocumentada, encuentra un equilibrio cultural y lo conquista todo

Rocío nació en un pequeño pueblo de México llamado Tepatlaxco de Hidalgo. Sus padres también son de ese pueblo. Rocío vino a los Estados Unidos a los seis años, y todavía recuerda la experiencia. "Mientras cruzaba la frontera, me llamaba Jackie. Llevaba un vestido rosado muy bonito y mi tío, que me estaba ayudando a cruzar, pensó que no era lo suficientemente americano, así que tiró el vestido y me puso pantalones, una camiseta y zapatillas deportivas", cuenta Rocío. Recuerda no poder dormir porque pensaba que nunca más volvería a ver a su madre. Pero sí lo hizo. Una vez la familia se reunió, empezaron su vida en EE.UU. Desde ese momento se crió de manera bilingüe y bicultural.

Los padres de Rocío son monolingües y solo le hablaban español en casa. Ella aprendía inglés en la escuela, pero le resultaba muy difícil y le daba vergüenza su fuerte acento, especialmente cuando le pedían que leyera en voz alta. El aprendizaje de la gramática también era difícil, pero estaba empeñada en estudiar mucho, sacar buenas notas e ir a la universidad, sin importarle las dificultades que acarreaba ser indocumentada.

Los recuerdos que tiene Rocío de sus primeros años incluyen una combinación de situaciones decepcionantes y otras de puro orgullo. De niña fue la traductora de su padre y de su tío. Su padre le decía lo que quería comunicarles a sus jefes y ella, en su mejor inglés, se lo traducía. "En muchas ocasiones mi padre y mi tío me presionaban y me reprendían por no saber el término exacto, o no ser capaz de expresar bien lo que querían decir. A veces me decían: '¿Para qué vas a la escuela, no te enseñan inglés ahí?' Por respeto me callaba y me prometía intentar hacerlo mejor la próxima vez". Hoy en día todavía es la traductora de su padre, pero ahora entiende por qué su padre y su tío necesitaban ayuda. Al igual que ella, su padre era indocumentado y cree que abusaron de él verbalmente y se aprovecharon de él por su condición. "Me di cuenta de esto una vez que estaba traduciendo para mi papá, cuando su jefe empezó a gritarme porque, según él, mi padre no estaba haciendo su trabajo. Mi padre le aseguró que no era su culpa, porque no había entendido bien lo que le habían pedido. En ese momento, quise retar a su jefe y proteger a mi padre de la única manera que podía: con mi inglés. Pero no lo hice. Entonces llegué a apreciar la valentía de mi padre por no rendirse para poder seguir trayendo dinero a casa sin saber inglés", explica Rocío.

Desde pequeña, Rocío entendía lo que era ser bilingüe y bicultural. Estaba aprendiendo a vivir en EE.UU., pero aún hablaba, comía, celebraba, y vivía con orgullo mexicano. Vivía en el Este de Los Ángeles, donde la mayoría de la población era latina. Las tradiciones eran iguales a las de México, y la gente que veía a diario eran de la misma etnicidad que ella. "Solo me sentía diferente cuando iba a la escuela y me pedían que leyera en voz alta delante de toda la clase. Esto fue una pesadilla durante mis años escolares", comenta.

Las cosas cambiaron en la secundaria. Se involucró en las artes y su autoestima mejoró. "Decidí salir de las sombras durante mi último año de la escuela secundaria y contarle a todo el mundo mi verdadera identidad. Decidí participar en el programa de teatro y empecé a escribir poesías donde narraba quién era. La primera vez durante un ensayo me desmoroné porque me di cuenta, de golpe, que ya no quería esconder quién era. Desde ese momento en adelante, decidí hacerme más fuerte y ser más valiente y confrontar mi debilidad ante toda la escuela". Rocío cree que esta experiencia le ayudó a confiar más en sí misma y a ganarse el respeto de sus compañeros, y poco a poco dejó de sentirse avergonzada de sus orígenes. "Desde ese momento, decidí que las artes eran una manera de poder expresarme abiertamente. Me di cuenta de que ya no tenía tiempo de tener miedo, cuando había gente que entendía mi lucha y me elogiaba por ser valiente. Siempre agradeceré a las artes el haberme ayudado a sentirme orgullosa de mi cultura y enseñarme a quererme a mí misma", afirma. A través de las artes también pudo ayudar a su madre financieramente haciendo brazaletes de colores y pañuelos, y vendiéndolos en el centro del programa de arte de la escuela en Los Ángeles donde desarrolló su talento como artista.

Rocío se graduó de secundaria con las mejores notas de su clase. Pero dado que era indocumentada, no pudo asistir a la universidad de sus sueños. El *Dream Act* aún no estaba en vigor, y su madre no la apoyaba para que continuara los estudios superiores. Su familia no podía ayudarla económicamente. Entonces decidió que lo iba a hacer sola. Se apuntó a la Universidad Estatal de California, Los Ángeles, y se licenció en teatro. "Mi temor al fracaso y a no perseguir mis sueños fueron mi mejor estrategia", cuenta. "Empecé a ahorrar. Me puse en acción en vez de permitir que el miedo me ganara. Me las arreglé para recibir becas, reuní fondos para pagar mi matrícula, y empecé a trabajar. Este empeño me dio motivación y alcancé el nivel de comunicación necesario para hablar con mis padres, y para hacer que mi madre entendiera que ya no tenía tiempo para ayudarle a limpiar, y pedirle que me diera el apoyo académico que necesitaba". Sus padres se sienten muy orgullosos de ella. Es la primera de su familia que tiene una educación universitaria.

Rocío cree que tener gente que te anima por el camino puede marcar una gran diferencia. En su caso, siente mucho agradecimiento hacia un profesor de historia de la escuela secundaria que la escuchó y le ofreció consejo, la motivó y la guió. "No solo pagó los costos de los materiales que necesitaba para graduarme de la escuela secundaria sino que siempre me animó a superarme. Él creía en mi madurez y potencial, y siempre me recordaba lo única que era como ser humano. A veces, como sabía que iba a ser mucho más difícil para mí por ser indocumentada, terminaba sus frases diciéndome: 'Todo saldrá bien.' Y 'Todo saldrá bien' es lo que me hace seguir adelante. Le estaré eternamente agradecida", dice Rocío.

Cuando le pregunto qué le enorgullece más sobre su cultura, responde rápido: "La comida". Me cuenta que tanto su madre como su abuela son excelentes cocineras y que siempre hacen platos típicos para sus amigos, que se enamoran de la comida. "Mi madre, mi tía y toda la familia nunca dejan de lado nuestras tradiciones para asimilarse completamente a la cultura americana. Desde los Reyes Magos, el Día de los Niños, el Día de los Muertos, las Mañanitas de la Virgen de Guadalupe, hasta celebrar nuestros propios santos. Gracias a nuestras tradiciones me siento orgullosa y he aprendido mucho sobre la cultura".

Rocío cree que ser bilingüe y bicultural es una ventaja. Los latinos se han convertido en la población minoritaria más numerosa en este país y hablar español se ha hecho un requisito indispensable a la hora de encontrar trabajo. "Ser bilingüe y bicultural me ha beneficiado de muchas maneras, tanto en mi carrera de teatro, como ahora que soy guionista (escritora teatral). Puedo contar una historia en inglés, puedo expresarme y educar al público sobre la cultura desde el punto de vista de una indocumentada. Y en mi futura carrera, me gustaría enfocarme en contar historias de indocumentados en el teatro", dice.

Además de su trabajo en el teatro, Rocío también trabaja el Dreamers Resource Center at California State University, Los Angeles (Centro de Recursos para Soñadores en la Universidad Estatal de California de Los Ángeles o CSULA por sus siglas en inglés). En este trabajo, ella representa e inspira a otros estudiantes indocumentados para que confronten su estatus y encuentren la forma de educarse. "En este momento en mi vida y a través de mi trabajo, siento la responsabilidad de representar a todos aquellos que luchan todavía en las sombras, haciéndoles saber que no están solos".

El mensaje de Rocío a los *Millennial* latinos: "Nunca dejes que tu estatus defina o limite tus sueños. Si quieres algo, ve a por ello, y céntrate en lo que quieres. Debes saber que cualquier cosa es posible. Vive la vida según esta cita de Alice Walker: 'La manera más común que tiene la gente de rendir su poder es pensar que no lo tiene'. No dejes que nadie te diga 'no'. Es verdad que que la gente como nosotros tiene que trabajar el doble o el triple, pero con el tiempo, nos convertimos en las estrellas más brillantes del universo. Somos un grupo único que trabajará sin cesar hasta conseguir lo que quiere. Debes saber que se puede, y que muchos lo han logrado. Porque cuando uno cree y se dice a sí mismo en voz baja, 'Sí que puedo'... significa que sí puedes y que lo lograrás".

Pocket Sun: Una no-latina comparte su historia de inmigrante

Yiqing (Pocket) Sun nació en Dongying, una pequeña ciudad en el norte de China. Sus padres son de dos provincias diferentes de China. Solo hablan mandarín. Pocket se crió monolingüe, hablando mandarín en casa. Aprendió inglés en la escuela. Para cuando fue a la universidad en los Estados Unidos, era bilingüe, pero no bicultural.

"Llegué a los Estados Unidos a los dieciocho años y asistí a una universidad de blancos donde había muy pocos alumnos chinos", cuenta Pocket. "Al principio tuve dificultades para entender las expresiones de la gente, y palabras como *outfit* (atuendo), *awesome* (genial) o *gross* (asqueroso), que no se enseñaban en los libros de texto en China. No entendía las abreviaciones tales como "cu", "lol" o "gr8". En resumen, era una FOB (*fresh off the boat*: inmigrante recién llegada) que cometía numerosos errores a causa de la barrera lingüística. No me daba cuenta de cuándo los chicos estaban siendo amigables o afectuosos. No tenía otra alternativa que amoldarme a mi entorno porque la universidad era por lo menos setenta por ciento blanca. Lo que me ayudó fue apuntarme a diferentes grupos universitarios y organizaciones para relacionarme más a fondo con los otros estudiantes".

Pocket vivió en Virginia, Chicago y Los Ángeles, donde estudió hasta su posgrado. Tiene una Licenciatura en Marketing y una Maestría en Ciencias Empresariales e Innovación. Ella cree que el ser bilingüe le ha abierto muchas puertas y que haber aprendido sobre la cultura americana también ha contribuido a su éxito laboral.

"Me ha ido muy bien ser extranjera porque he creado una empresa que es atractiva para gente de todo el mundo. Los asistentes a mis eventos siempre son muy diversos e internacionales", cuenta. Aun así, sus padres la animan a que se enorgullezca de sus raíces. "Estoy muy orgullosa de ser china. Estoy rompiendo muchos estereotipos que los americanos tienen sobre la gente china".

Pocket viaja a China una o dos veces al año, dependiendo de su agenda: "China está cambiando muy rápidamente, así que cada vez que voy noto la diferencia y me impresiona el desarrollo de mi país. No me importaría vivir en China, pero mi novio (un blanco americano), no quiere. Por lo tanto, nos vamos a mudar a Singapur juntos. ¡Extraño la comida! Y extraño más aún a mi familia".

Cuando le pregunto acerca de su experiencia bicultural hasta ahora, me contesta, "Muchos niños biculturales crecen odiando su identidad cultural. Tienen muchos problemas de identidad y sienten que no pueden encajar con los niños blancos, pero a los niños blancos no les gusta relacionarse con ellos de todos modos. Ojalá más gente se diera cuenta de este problema y fomentara la diversidad e inclusión".

Hoy en día, Pocket es una empresaria muy ocupada. Es fundadora de SoGal Ventures, la primera empresa dirigida por mujeres enfocada en la generación *Millennial*, que invierte en empresas diversas tanto en Estados Unidos como en Asia. En menos de un año, Pocket ha creado una comunidad para nuevas mujeres empresarias e inversoras en veintiséis países. Su próximo paso es establecer la primera empresa *Millennial* de fondos de inversión para apostar por jóvenes empresarios de orígenes diversos en Estados Unidos y Asia.

"Ser bilingüe y bicultural es una suerte. Veo que puedo superar muchos obstáculos gracias a oportunidades de negocios que solo gente igual que yo puede liderar. Mi objetivo es crear un imperio de negocios entre los Estados Unidos y Asia", afirma.

Mi propia historia

Nací y me crié en Puerto Rico, y vine a estudiar a los Estados Unidos cuando tenía veintiún años. Cuando vine a vivir a California, aprendí a vivir en dos culturas. Cuando me casé con un griego-americano unos años después, la cultura griega se añadió a mi diario vivir. Al ser una madre *Baby Boomer* que crió a dos hijos en tres culturas, creo que el multiculturalismo de mis hijos *Millennials* les ha enseñado a ser más tolerantes, respetuosos, compasivos y comprensivos de la sociedad global a la que llaman su hogar. No hay palabras que puedan expresar cómo ha enriquecido mi vida el ser multicultural.

Mis hijos se han criado apreciando tres culturas y se enorgullecen de su herencia cultural. Mi hijo tiene su propio negocio y aunque no necesita usar español todos los días, puede conversar con los hispanos que llaman a su oficina. También habla con mis padres a menudo, y siempre en español. Está muy conectado a su cultura hispana y le encanta visitar a mi familia y las costumbres que van de la mano. Le encanta la comida, la música y poder decir, "¡Soy cincuenta por ciento puertorriqueño!" Está también muy orgulloso de su herencia cultural griega y cree que haber sido criado entre diferentes culturas le ayuda a ser él mismo: "No tiene que ver con ser de acá o allá, con tu bandera o la mía, tu cultura o la mía. Se trata de poder expresarte como veas apropiado de manera compasiva y ser consciente de quién eres y cómo afectas el mundo a tu alrededor".

Mi hija está en su último año de universidad y está estudiando en el extranjero, en España. Es una viajera experimentada, se siente muy cómoda viviendo con una familia que le habla en español todo el tiempo y está disfrutando de la experiencia y de la oportunidad de aprender de sus raíces y antepasados. De igual importancia para ella es que está muy emocionada ante la perspectiva de volver a casa y encontrar un trabajo donde se destaque por su bilingüismo y multiculturalismo.

Otras voces

María Cristina Marrero, vice-presidenta editorial para la revista *Hola USA*, es afín a este sentimiento: "Como *Millennial*, siento que tengo más ventajas que mis compañeros porque abordo las cosas desde una perspectiva bicultural además de tener una mentalidad global. Hoy en día las empresas son más conscientes de los diferentes mercados y quieren captarlos. Tener experiencia con la cultura de ambos mercados, el americano y el hispano, es sin duda una ventaja".

Ana L. Flores, fundadora de Latina Bloggers Connect y We All Grow

Summit, conocido ahora como We All Grow Latinas, y co-autora del libro, *Bilingual is Better* (*Bilingüe es mejor*): "Sé de primera mano lo que es ser bicultural. Soy hija de dos mundos. Nací en Houston. Mis padres son de El Salvador, donde me crié. Vine a los Estados Unidos para asistir a la universidad. Mi doble herencia me brindó la oportunidad de trabajar de productora de televisión y de creadora de contenido, y me especialicé en la industria hispana en Estados Unidos y México. Desde entonces he podido usar a mi favor mi bilingüismo y herencia bicultural para tener éxito como autora, estratega en medios sociales y personalidad influyente de los mismos. Quiero que mi hija tenga las mismas oportunidades que yo. La habilidad de comunicarte en ambos idiomas, español e inglés, es extremadamente útil para poder competir en el mundo de los negocios del siglo XXI. Hoy es innegable que ser bilingüe o multicultural en cualquier combinación de idiomas es una destreza útil en la vida, que abre puertas cognitivas, culturales y profesionales".

Para Teresa Rodríguez, *Boomer* e inmigrante cubana que vino a los Estados Unidos cuando tenía nueve meses, hablar un segundo idioma no fue algo que hizo por el deseo de integrarse, fue una necesidad. El primer contacto que tuvo con el inglés fue a través de la televisión y la radio, y más tarde en las clases de preescolar con sus compañeros. Su padre apenas podía comunicarse coherentemente en inglés, y su madre solo aprendió unas cuantas palabras. Esto significó que a una edad muy temprana se convirtió en la traductora oficial en su casa. Y aunque estaba aprendiendo rápidamente su nueva cultura, el español era el único idioma que se hablaba en casa, y el inglés lo hablaba en la escuela entre sus amigos. "Aunque en aquel entonces no estaba de acuerdo con las tácticas de mis padres, ahora les agradezco que no me permitieran olvidar nuestro vibrante y colorido idioma y cultura. Mirando atrás, tenían toda la razón. Ser bilingüe es ventajoso en un mercado tan competitivo, y no olvido que JAMÁS hubiera soñado que me ganaría la vida siendo periodista de una cadena de televisión en español."

Nuestro mundo se ha globalizado y es bastante multicultural. Los medios de comunicación sociales nos han permitido fácil acceso a gente de todas partes, y eso está contribuyendo a nuestro empeño de criar a nuestros hijos de manera multicultural. Ahora más que nunca, los padres están esforzándose mucho para animar a sus hijos, no solo a que aprendan un segundo idioma, sino también a que viajen a los lugares donde se habla el idioma que han elegido estudiar. Las universidades también han ampliado sus programas de estudios en el extranjero, y se han esforzado para que el estudio en el extranjero sea parte de su programa académico durante los cuatro años de universidad. El internet está lleno de recursos para ayudar y guiar a los padres en su misión e inculcar el encanto de sus múltiples herencias culturales y bilingüismo. Hoy en día, más y más escuelas de inmersión bilingüe han emergido en muchos estados por todo el país. Y en su gran mayoría, son los padres blancos los que abogan por y apoyan estos programas. No pasa un día en que en los medios de comunicación sociales no destaquen a algún joven latino o latina por emprendedor o por ser parte de una empresa americana, confirmando así los beneficios que tiene ser bilingüe y bicultural.

Como comenta María Cristina Marrero, "Ser bicultural me ha brindado la oportunidad de viajar por el mundo y sentirme cómoda hablando dos idiomas, además de aprender cosas de otras culturas y poder compartir la mía. He vivido en España, en Argentina, y en Miami. Me desenvuelvo bien entre dos culturas y eso ha sido una gran ventaja en mi carrera profesional".

Consejos para criar hijos biculturales

Llegado a este punto ha leído muchas ideas mencionadas en otros capítulos que, si es padre, considerará usar para criar a sus hijos de manera bicultural. Si aún no es padre, espero que lea estas ideas otra vez cuando llegue el momento. Mientras tanto, aquí hay algunas sugerencias más.

1. ¿Por qué está orgulloso de su herencia cultural? ¿Por qué es importante que sus hijos sientan el mismo orgullo?

2. ¿Se ha adherido a un plan de acción para inculcar el orgullo por su país natal?

3. Si sus hijos nacieron en los Estados Unidos, ¿sigue hablando su lengua nativa en casa? ¿Es estricto y consistente?

4. ¿Mantiene una vía de comunicación abierta con sus hijos sobre las dos culturas y es comprensivo con la inclinación que tienen sus hijos por una cultura sobre la otra? ¿Les permite compartir sus sentimientos acerca de las dos culturas?

5. ¿Involucró a su familia en ambas culturas desde el comienzo? ¿Hace que celebrar las costumbres y tradiciones de ambas culturas sea parte de su día a día?

6. Si es joven, ¿tuvieron éxito sus padres criándole de manera que amara las dos culturas? ¿Hará lo mismo cuando sea padre?

Mi diario de crianza

Espero que incluir esta sección en cada capítulo le haya brindado la oportunidad de reflexionar sobre su adaptación a la nueva cultura. Sea ya padre ahora o en el futuro, aquí tiene algunas preguntas que pueden ayudarle a evaluar su trayecto bicultural.

1. Como padre inmigrante, ¿he tenido éxito en mi misión de ayudar a mis hijos a que se sientan orgullosos de su herencia cultural?

2. ¿He sido un modelo positivo a seguir para mis hijos en cuanto a inculcarles tolerancia y respeto hacia otras culturas?

3. ¿He estado abierto a la posibilidad de que mis hijos se identifiquen más con la cultura americana que con mi cultura?

4. ¿He podido encontrar un equilibrio y aceptar la herencia cultural mixta de mis hijos?

5. ¿He estado dispuesto a aprender sobre la cultura americana y a apreciar mi vida aquí?

REFLEXIONES FINALES

Unir dos culturas es una travesía. La mayoría de los inmigrantes mantendrán, por mucho tiempo, literalmente, un pie aquí y otro allá; algunos para siempre. Es un camino difícil que requiere paciencia y fe. Para alcanzarlo debe usted establecer un sistema personal de apoyo, utilizar al máximo los recursos en su área y desarrollar una relación abierta con sus hijos.

Hoy en día hay muchos recursos para ayudarles en la transición y muchos de ellos son accesibles por internet, por ejemplo páginas web como mamasporelmundo.com, una compañía consultora que aporta apoyo y asesoramiento a mujeres expatriadas y a sus familias mientras se enfrentan a sus vidas en un nuevo país. Laura García y Erica Mirochnik son profesionales expertas y madres expatriadas ellas mismas, y brindan una amplia gama de servicios que cubren temas tan prácticos como la elección de escuelas, el aprendizaje del nuevo idioma, y la adaptación a una nueva cultura. También ayudan a las familias a enfrentar los problemas emocionales de la expatriación, como vivir lejos de familia y amigos, y lidiar con la dificultad de adaptación a un nuevo entorno.

La página unknownmami.com, de Claudya Martínez, aporta la perspectiva de una mamá latina bilingüe que está criando a sus hijos de forma multicultural, y muestra cómo el idioma puede inculcar orgullo por la cultura. Hay páginas web como BilingualAvenue.com, fundada por Marianna Du Bosq y en la cual a través de podcasts semanales, ofrece consejos, recursos, herramientas, y asesoramiento sobre cómo criar a niños bilingües.

Más recientemente, el podcast semanal supermamaspodcast.com, presentado por las mamás *Millennials*, y hermanas, Paulina y Bricia López, ofrece información, intercambio de ideas y sobretodo apoyo a mamás de niños pequeños, a nuevas mamás y a mamás embarazadas.

153

Los amigos y la familia también pueden ayudar. A menudo, miembros de la familia vienen aquí antes que nosotros y nos ofrecen ayuda, sugerencias y consejo.

Como mencioné en el primer capítulo, es importante que los adultos que emigran aquí se adapten a su nueva vida antes de que puedan ayudar a sus hijos a adaptarse. Y aunque haya veces en que nosotros los adultos no nos integremos completamente, nuestros hijos tienden a hacerlo bastante rápido. Deberíamos aceptar eso y continuar inculcando el orgullo de ser latino/hispano.

Cuando nos sintamos cómodos con nuestros amigos americanos, cuando caminemos hacia un salón de conferencias y miremos a nuestros colegas como a nuestros iguales, cuando vayamos a una entrevista de trabajo y contestemos cómodamente en inglés, podremos decir que hemos llegado, que estamos en "casa". Cuando seamos capaces de ir a la escuela de nuestros hijos y abogar por su educación, cuando celebremos nuestras tradiciones latinas a la par con las festividades americanas, cuando veamos telenovelas en español y noticias en inglés, habremos alcanzado la etapa final de la adaptación del inmigrante, que es la aceptación. Esta es la etapa que da sentido y balance a nuestras vidas, en la que nos sentimos cómodos comiendo Arroz con pollo o *Apple Pie*.

Recuerde que es usted un ejemplo para sus hijos. Ellos lidiarán con la adaptación a dos culturas de la misma forma en que lo haga usted. Sus niños aprenderán a aceptar su nuevo mundo observando su comportamiento, sus reacciones y sus acciones frente a los cambios. La meta es alcanzar un equilibrio y esa meta solo usted puede lograrla. Es importante aceptar que aun cuando hayamos encontrado un balance y aceptado nuestra nueva vida, es muy probable que siempre sienta un poco de nostalgia y de tristeza. El sentido de pérdida siempre existirá. Después de todo, es mucho lo que ha dejado atrás, y es muy probable que cada vez que visite su país y regrese a Estados Unidos, reviva el proceso de la emigración.

¿Cuántas veces sentí el corazón destrozado, ya montada en el avión y mirando a mi Isla desaparecer por la ventanilla? ¿Cuántas veces dudé de mi decisión y cuestioné si había hecho bien estableciéndome en California? Y una vez encontré el balance y acepté que mi vida es una mezcla de Arroz con pollo y *Apple Pie*, ¡cuántas lágrimas he llorado de alegría y de tristeza! Quizás a usted le ha pasado lo mismo. Fueron muchos los retos pero son mayores las ventajas y muchas las satisfacciones. Lo que hoy día encuentro más difícil es decirle adiós a mis padres cada vez que regreso. Ellos ya están mayores y uno nunca sabe cuándo los volverá a ver. Es difícil ir y venir más a menudo y bastante costoso. Para los que no tienen papeles es hasta peligroso. Entonces es cuando más sentimos la pérdida y podríamos regresar a la etapa de resentimiento y confusión. Quizás entonces tendríamos que respirar hondo, recordar lo positivo de nuestra decisión y tener fe en que sí estamos en el lugar que debemos. Y que todos nuestros esfuerzos durante nuestra trayectoria hacia el norte no han sido en vano, aun cuando dejamos atrás a aquellos que nos aman y nos dieron vida. ¡Recuerde que el apoyo de ellos es incondicional!

Finalmente, según usted se está sintiendo más cómodo en su nuevo país, considere brindar su ayuda a aquellos que acaban de emigrar y llegar a EE.UU. Cuando llegue un nuevo inmigrante, invítelo a su hogar. Si tiene hijos, inclúyalos en la invitación. Comparta sus experiencias migratorias con todos ellos. Ofrézcale consejos, recomendaciones y sugerencias que le puedan ayudar a que la transición sea más fácil para él y su familia. Conviértase en un recurso para esa familia y preséntele a otros padres inmigrantes que hayan alcanzado con éxito la integración cultural. A veces solo necesitan un amigo que les recuerde que algún día se sentirán cómodos comiendo Arroz con pollo Y *Apple Pie*.

ARROZ CON POLLO DE MARITERE

Para 4 personas

Ingredientes:

2 ½ libras de pollo (1kg 200g.). Escoge patas y pechugas con piel

2-4 cucharadas de sofrito* (lo echo a ojo)

3 tazas de arroz de grano largo (me gusta la marca Uncle Ben's)

1 cucharada de alcaparrado** español (una mezcla de aceitunas, pimientos rojos y alcaparras)

2-4 cucharadas de salsa de tomate

5 tazas de caldo de pollo (para un arroz más esponjoso, pon menos líquido)

1 taza de arvejas (guisantes, chícharos)

1 lata de 4 onzas de pimientos morrones, cortados a rajas (pimientos rojos suaves)**

1-3 cucharadas grandes de aceite de oliva

2 cucharadas de sazón Goya**, polvo de achiote o cilantro y tomate

2-4 cucharadas de adobo

Instrucciones:

Espolvorea el pollo con adobo (una mezcla seca para adobar que se encuentra en los mercados latinos) y lávalo con el jugo de 1-2 limones.

En un caldero o cazuela grande, saltea el pollo unos minutos con aceite de oliva, hasta que esté dorado. Sácalo y ponlo en un plato. Añade el sofrito y sofríelo unos minutos. Vuelve a meter el pollo y saltéalo un poco más. Añade el arroz y mézclalo bien. Añade la salsa de tomate, el alcaparrado, el polvo de achiote y el caldo de pollo. Remuévelo un poco. Déjalo hervir y no vuelvas a tocarlo hasta que se haya absorbido el agua. Cúbrelo y ponlo a fuego bajo durante 20-25 minutos.

Si el pollo o el arroz no quedan completamente cocidos, añade un poco de agua, cubre el caldero y cocínalo otros 5 minutos. Apágalo, añade las arvejas y los pimientos morrones y déjalo reposar hasta que sea hra de servirlo.

* Sofrito es una mezcla de cebolla, ajo, pimiento verde, y hojas de cilantro. Mezcla en un procesador de alimentos 1 cebolla, 1 pimiento verde, 3-4 dientes de ajo y 4 cucharadas de hojas de cilantro (el cilantro es opcional, también puedes usar culantrillo si lo encuentras en un mercadillo latino). Puede hacerse antes y congelar. Descongélalo un día antes de usarlo.

** Las botellas de alcaparrado, los paquetes de sazón Goya y las latas o frascos de pimientos morrones se encuentran en los mercados latinos.

APPLE PIE SENCILLO DE MARITERE

Para 6 personas

Ingredientes:

8-10 manzanas verdes, peladas y cortadas a rajas
1 taza de azúcar
1 ½ cucharada de canela
1 masa de tarta congelada*
¾ de taza de harina
2 cucharadas de mantequilla

Instrucciones:

Rocía la base de la masa para la tarta con Pam. Añade las rajas de manzana. Mezcla en un cuenco ½ taza de azúcar y canela. Espolvorea la mezcla sobre las manzanas. En otro cuenco mezcal la harina con el resto de la azúcar. Con un tenedor o una batidora de pastelería, corta la mantequilla hasta desmenuzarla. Mézclala con el azúcar y la harina y espolvoréalo todo sobre las manzanas. Calienta el horno a una temperatura de 400 F o 200 C y mete la tarta. Cocínala descubierta durante 40 minutos o hasta que las manzanas estén tiernas.

* Es mejor hacer la masa de la tarta en casa si tienes tiempo.

RECURSOS

Libros

- *Bilingual is Better*, por Ana L. Flores y Roxana A. Soto (Bilingual Readers, Sept. 2012)
- *Enrique's Journey* por Sonia Nazario, (Random House, 2007)
- *Latina Power! Using 7 Strengths You Already Have to Create the Success You Deserve* por Dr. Ana Nogales (Touchstone, September 16, 2003)
- *No Birthday for Mara, Tristan Wolf, The Wanting Monster* por Mariana Llanos www.marianallanos.com/#!books/c44h
- *Raising Nuestros Niños* por Gloria Rodriguez, Ph.D. (Fireside, May 26, 1999)
- *Becoming Naomi León* por Pam Muñoz Ryan (Scholastic, 2004)
- *Rubber Shoes/Los Zapatos de Goma, Pink Fire Trucks/Los Camiones de Bomberos de Color Rosado,* and *Monster Slayer/ Exterminadora de monstruos* por Gladys Elizabeth Barbieri (Big Tent Books, 2011, 2013, 2016)
- *Freaky Foods from Around the World/Platillos Sorprendentes de todo el Mundo* and *The Wooden Bowl/El bol de Madera* por Ramona Moreno Winner (Brainstorm 3000, 2005,2009)
- *Lotería, Zapata, Frida and Guadalupe* por Patty Rodriguez y Ariana Stein (Lil'Libros, 2013) www.lillibros.com

Páginas Web/Blogs/Podcasts/Apps

- Multicultural Familia (www.multiculturalfamilia.com/ multicultural-families-resources-directory)
- Mamás por el mundo (www.mamasporelmundo.com)
- Kid World Citizen (www.kidworldcitizen.org)
- Mama Smiles (www.mamasmiles.com/exploring-geography)

- Explor-A-World Language and Culture Programs (www.exploraworld.org)
- De Su Mama (www.desumama.com)
- Estilo Familiar (www.BiculturalMama.com)
- En Tus Zapatos (www.facebook.com/entuszapatosblog)
- Bilingual Avenue (www.bilingualavenue.com)
- Unknownmami (www.unknownmami.com)
- Mommymaestra (www.mommymaestra.com)
- Mommyteaches (www.mommyteaches.com)
- Myfriendbettysays (www.myfriendbettysays.com)
- MamiTalks (www.mamitalks.com)
- Growing Up Bilingual (www.growingupbilingual.com)
- La Familia Cool (www.lafamiliacool.com)
- One Latina Mom (www.onelatinamom.com)
- Multilingual Parenting (www.multilingualparenting.com)
- Super Mamás Podcast (www.supermamaspodcast.com)
- Mundo Lanugo (www.mundolanugo.com)
- ReadConmigo (www.ReadConmigo.com)

Medios Impresos/ Revistas Online
- Ser Padres (www.serpadres.com)
- Parents Latina (www.parents.com/parents-latina-magazine)
- Todobebé (www.todobebe.com)
- HipLatina (www.hiplatina.com)
- BabyCenter en Español (www.babycenter.com/espanol)

Organizaciones y páginas en la Web (websites)
- Centro para la Educación Pública (www.centerforpubliceducation.org)
- Families in School (www.familiesinschool.org)
- National Association for Bilingual Education (www.nabe.org)
- Parent Teacher Association (www.pta.org/)
- EBInternacional.org (www.ebinternacional.org)
- UC Undocumented Student Services

(www.undoc.universityofcaliforniaedu/campus-support.html)
- On Raising Bilingual Children
  (www.onraisingbilingualchildren.com)
- California Association for Bilingual Education
  (www. bilingualeducation.org)

Escuelas Bilingües para niños pequeños
- Mi Escuelita (www.myescuelita.com)
- Spanish in Action (www.spanishinaction.com)
- Bilingual Birdies (www.bilingualbirdies.com/NYC)
- Spanish Horizons (www.spanishhorizons.com)

AGRADECIMIENTOS

Este libro no hubiese sido posible sin la ayuda y el apoyo de muchas de las personas maravillosas que han estado presentes en mi vida. A Leo Estrada, mi sabio amigo, gracias por creer en mí y estar a mi lado durante cada paso que di. Para todos los que conmigo compartieron sus historias migratorias, estoy en deuda con ustedes, especialmente las familias de la parroquia St. Lawrence Brindisi. Gracias por compartirlas y por confiar en mí. Quisiera pensar que hemos contribuido a que el mundo sea un mejor lugar por haber contado ustedes sus historias. A mi editora y autora, Jennie Nash, GRACIAS por creer en mi proyecto, por ver su potencial, y por todas tus opiniones y sugerencias. A Nora Comstock y la organización "Las Comadres Para Las Américas", ¡gracias por todo su apoyo! Ana Nogales, GRACIAS por tu cariño, apoyo y comprensión. Y por ser la primera en promocionar mi libro a través de la revista la Dra. Ana. A Connie Spenuzza, (aka Cecilia Velástegui) por tu gentileza, apoyo y aliento, pero más que nada, gracias por tu generosidad desprendida. ¡Eres mi inspiración!

A mi nueva amiga Isidra Mencos. Gracias por decir que sí cuanto te pedí ayuda para la edición y traducciones finales del manuscrito. ¡Fuiste mi salvación!

Mi más sincero agradecimiento a Nikos Bellas y Kaitlan Matter por toda su ayuda con la ilustración y diseño de la cubierta del libro. ¡GRACIAS!

A mis amigas y madres latinas: Ivelisse Estrada, Mónica Lozano, Magali Vitale, Cecilia Grosso, Yvonne Turner, Ana Barbosa y María Contreras Sweet. Algunas de ustedes compartieron sus historias, pero a todas les agradezco el apoyo y su amor incondicional. A mi comadre Alycia Enciso, gracias por tu apoyo constante.

De todo corazón agradezco a todas las mamás blogueras latinas a las cuales he conocido recientemente mediante la organizaciónes Latina

Bloggers Connect, ahora We All Grow Latinas y Latinas Think Big. Ustedes han sido un recurso inestimable y me han honrado con su apoyo.

Mil gracias a Laura Carbonell, por su asistencia con la traducción del libro. ¡Tu generosidad y tu amistad valen un montón!

A mis amigas y madres americanas: Mary Klem, Martha Kretzmer, Bridget Batkin, Andrea Utley, Ellie Allman, Audrey Alfano, Jill Latimer, and Lisa Guidone, ha sido un honor recorrer el camino de la maternidad con ustedes todos estos años.

A mi hermana Marisol, la mejor madre que conozco, por dejar todo a un lado cuando la llamé para traducir este libro, y por estar siempre ahí cuando la he necesitado. ¡Eres mi heroína!

A mis padres Teté y Gilberto, gracias por enseñarme a amar apasionada e incondicionalmente. A mis suegros, Akri y Gus, que a pesar de que ya no están entre nosotros, fueron la segunda generación griego-americana más hermosa que conocí. Ellos me enseñaron el valor que tiene sentirse orgulloso como inmigrante.

A mis hijos, Nikos y Franceska, son mi TODO... espero que este libro les inspire a criar a sus propios hijos bilingües y biculturales. Por último, pero no menos importante, a mi esposo Peter. Eres el viento bajo mis alas. Gracias por creer en mí.

SOBRE LA AUTORA

Nacida y criada en Puerto Rico, Maritere Rodríguez Bellas es bilingüe y bicultural. Como autora y escritora, ha sido la voz de padres inmigrantes latinos desde hace dos décadas.

Maritere ha sido escritora destacada en *La Opinión*, *Ser Padres*, Huffpost, HipLatina, TodoBebé y Mamasporelmundo. Escribe para padres inmigrantes y con regularidad comparte su voz experta de mamá latina veterana en los medios de comunicación de habla hispana. Su primer libro, *Cómo criar hijos bilingües, Raising Bilingual Children*, se publicó en inglés y español en 2014. Reside con su familia en California.

Para más información sobre Maritere Rodríguez Bellas, visite: www.maritererodriguezbellas.com